Comment faire un livre avec

CreateSpace

et le vendre dans le monde entier avec

Amazon

PIERRE-XAVIER DELASOURCE

TABLE DES MATIÈRES

INTRODUCTION

J'ai très envie de commencer ce livre en louant et m'extasiant devant deux formidables révolutions « gutenbergiennes » qui, vous ne vous en rendez peut-être pas encore compte, vont, ont, changé la face de l'édition des livres. Je veux parler de l'informatique et de l'internet. Car, tout comme l'invention de la typographie, par Johannes Gutenberg, a contribué à la diffusion massive des livres imprimés, l'informatique et l'internet, de nos jours, sont en train de transformer l'édition en papier en un formidable phénomène de masse. Tout un chacun ayant un minimum de talent, peut de nos jours fabriquer et diffuser dans le monde entier son livre.

Fini le manuscrit laborieusement rédigé au stylo bille ou plume, voire au crayon à mine, ou encore tapé à la machine ou sur l'ordinateur et imprimé. Manuscrit amoureusement relié, qui au ressort plastique, qui à l'agrafeuse, qui avec de la ficelle et du ruban adhésif, qui... dans une enveloppe kraft ! Manuscrit onéreusement envoyé à quelques éditeurs ayant pignon sur rue et revenant réduit à une lettre de refus poli (« les manuscrits ne sont pas retournés... nous avons lu avec intérêt votre manuscrit, mais il n'entre pas dans notre ligne éditoriale »). Manuscrit finissant au fond du tiroir d'une commode ou aux tréfonds d'un disque dur. Manuscrit finalement oublié, rangé sur l'étagère des idées farfelues, des doux rêves inaccessibles, des ambitions irréalistes et des amours propres blessés. Mais tout cela est bel et bien terminé !

Un changement de paradigme

Depuis des siècles nous sommes dans la féodalité des éditeurs : nous, les petits auteurs, nous les sollicitons humblement. Nous leur faisons courbettes, nous nous aplatissons modestement, en espérant qu'ils voudront ne serait-ce que jeter un coup d'œil à notre misérable travail d'écrivaillon. Attendant le miraculeux contrat d'édition, pour nous enchaîner, pieds et mains, à la cession de nos droits, en échange d'un misérable pourcentage sur les ventes.

Ou bien, il y a ces autres « éditeurs » qui vous font miroiter une publication à coup sûr si… vous la financez vous-même ! L'édition à compte d'auteur ! C'est juste un système pour faire un travail de publication et de diffusion, que vous pourriez très bien faire vous-mêmes, et vous le vendre, souvent à un prix exorbitant, compte tenu du résultat. Le plus souvent, en l'absence de circuit de diffusion, vous vous retrouvez avec votre tirage de mille ouvrages sur les bras. Mille bouquins, dont vous ne savez que faire, et qui finiront dans un carton au grenier, à la merci des rongeurs.

Mais, aujourd'hui, nous voici entrés dans le paradigme de l'autoédition. Vous avez écrit un manuscrit et vous allez vous-même, en assurer la fabrication à la demande, avec CreateSpace,[1] et la diffusion dans le monde entier, avec Amazon.[2] Aujourd'hui, le rapport d'échange s'inverse : vous n'avez plus à solliciter les grands éditeurs. Si ceux-ci sont à la recherche de nouveaux talents, ce sera à eux d'aller chercher en ligne les œuvres qui les intéressent, de les feuilleter pour s'en faire une première idée, d'acheter le livre (le « manuscrit »), puis, s'ils sont intéressés, de contacter et solliciter l'auteur pour un contrat d'édition. Oui, vous avez bien lu : c'est l'éditeur qui doit désormais vous solliciter !

Aujourd'hui, même si la présentation et l'offre à la vente sur les sites d'Amazon ne sont pas l'alpha et l'oméga de la diffusion du livre papier, même si les réseaux des éditeurs classiques et des libraires sont importants pour la promotion des livres, avec CreateSpace et Amazon vous avez là un formidable tremplin pour votre manuscrit.

---

[1] CreateSpace® est la plate-forme d'autoédition en ligne d'Amazon.

[2] Amazon® est le célèbre site internet mondial de vente en ligne de biens culturels ou autres, dont les livres papier.

Si vous utilisez le système CreateSpace d'Amazon, votre ouvrage sera présenté (actuellement, en 2015) sur Amazon.fr (France), sur Amazon.co.uk (Royaume-Uni), sur Amazon.de (Allemagne), sur Amazon.it (Italie), sur Amazon.es (Espagne), sur Amazon.ca (Canada) et sur Amazon.com (États-Unis). Cependant, vous pourrez possiblement retrouver votre livre « revendu » par un revendeur professionnel,[3] sur Amazon dans d'autres parties du monde (Japon, Chine, Brésil, Inde…). Sans compter qu'il n'y a aucune raison de penser qu'Amazon ne cherchera pas, à l'avenir, à étendre encore davantage son réseau de distribution des livres en autoédition.

Actuellement (en 2015), votre livre sera « feuilletable », comme en librairie (on peut regarder dedans et en lire certaines pages) sur quatre sites Amazon : en France, en Allemagne, au Royaume-Uni et aux États-Unis. Nul doute, là encore, qu'Amazon finira par étendre cette fonction de feuilletage à d'autres pays.

De plus, si votre livre marche, qu'il intéresse de nombreux lecteurs, vous bénéficierez des commentaires des clients satisfaits (ou moins satisfaits !) qui apporteront critiques positives ou… négatives, dans les commentaires clients en bas de page.

Bien entendu, en autopublication sur Amazon, vous pouvez publier dans n'importe quelle langue. Mais je suppose qu'ayant acheté ce présent livre rédigé en français, c'est dans cette langue que vous comptez publier, principalement. Aussi, vous pourriez vous demander à quoi servent les distributions Amazon sur des sites non francophones (Italie, Espagne, Allemagne, Royaume-Uni, États-Unis…) ? Hé bien ! N'oubliez pas la communauté francophone à l'étranger, en Afrique, au Québec, en Belgique, en Suisse et partout ailleurs. Ces clients-là peuvent aussi acheter votre livre dans le monde entier. Le miracle d'internet !

Et le ebook ?

Soyons clairs : honnêtement je ne peux pas vous conseiller de publier en ebook, en livre électronique (sur Amazon il s'agit de Kindle®). La raison en est double : 1) actuellement (en 2015), les

---

[3] Les revendeurs professionnels sur Amazon achètent des livres (donc si c'est le vôtre, c'est qu'il a été vendu) et les revendent au prix qu'ils veulent, soit comme neuf ou d'occasion.

protections des ebooks (les DRM) ne sont d'aucune efficacité contre le piratage qui se fait très facilement ; 2) les diffuseurs de ebooks (dont Amazon Kindle) n'ont pas vraiment de politique de protection des auteurs. Aussi, un beau matin, vous aurez la désagréable surprise, après avoir googlé le titre de votre ebook, de le voir gratuitement diffusé en PDF sur des sites pirates ! Des sites qui s'enrichissent sur votre dos en proposant des abonnements payants pour diffuser **gratuitement** des PDF, dont votre ebook !

Vous le signalerez à Amazon qui vous répondra gentiment qu'il n'y peut rien. En gros, débrouillez-vous tout seul. Autant dire que face à des sites pirates, souvent hébergés dans des pays complaisants et complices, qui changent de nom de domaine comme de chemise, la bataille d'un tout petit auteur est perdue d'avance. Quand on voit comment la lutte contre le piratage de la musique et de la vidéo, menée depuis des années par les « majors », a donné un si piètre résultat (loi Hadopi et consorts…), on comprend que même Amazon, avec ses propres moyens financiers, ne pourrait pas faire grand-chose.

Donc, exit le ebook. Ce présent livre est construit sur un présupposé de base très clair : nous sommes des auteurs (dont vous allez faire partie), qui nous adressons aux millions (milliards ?) d'amoureux du livre papier, qui aiment son confort (ou inconfort !) de lecture, qui aiment tenir la chose en carton et papier entre leurs mains, qui aiment la jolie couverture, qui aiment l'odeur de l'encre et de la colle, qui aiment lire et toucher et ranger et ressortir le livre sur une étagère, dans une bibliothèque. Qui aiment prêter leurs livres en papier à leurs amis. En fait, en tant qu'auteurs, nous nous adressons exclusivement aux passionnés et irréductibles du livre en papier. Cela a au moins l'avantage d'être dit et clairement dit.

Et puis, j'adore cet argument : « oui, avec ma liseuse, je peux amener 50 livres à lire sur la plage ». – Ah, oui ! Il faut combien de livres pour faire le poids d'une liseuse ou d'une tablette ? – Trois ou quatre. – Et, sur la plage, vous allez lire combien de livres ? Allez, pour de vrai, la moitié d'un ? Un seul ? À tout casser un seul ! Alors, achetez un livre papier, celui-là on n'est pas prêt de vous le voler pendant que vous irez jouer dans les vagues !

Les compétences prérequises

Ce présent manuel d'autoédition de livres en papier ne s'adresse pas au premier venu. Je ne vais pas vous demander d'avoir une licence de lettre ou une maîtrise d'informatique, cependant, comme tout honnête homme/femme de ce siècle, vous devez posséder les bases élémentaires de l'informatique. Vous devez savoir ce que c'est qu'un ordinateur, une souris, un répertoire et un fichier. Ce que sont les formats de fichier, les fichiers OpenOffice (.odt), Word (.doc ou .docx) et les fichiers Acrobat Reader (.pdf).

Vous devez savoir vous servir d'OpenOffice ou de Word ou d'un autre traitement de texte équivalent et savoir convertir un fichier texte en fichier PDF, avec le programme adéquat (on en reparle, promis !). Éventuellement, si vous comptez insérer des graphiques dans votre texte, vous devez aussi utiliser les fonctions graphiques du traitement de texte ou encore savoir utiliser un logiciel de traitement d'images (on en reparle aussi). Enfin, vous devez savoir ce qu'est internet, un site internet, un lien sur lequel on clique. Bref, même si vous avez 70 ans, vous devez être branchés sur le 21e siècle et non le 20e !

Pourquoi ? Parce que ce livre est un petit livre de quelques dizaines de pages et qu'il ne prétend pas tout vous apprendre. Je resterai simplement centré sur la fabrication d'un fichier PDF téléchargeable sur le site de CreateSpace afin d'autopublier un livre en papier. Donc, si je vous dis : « dans OpenOffice, faites *Rechercher & Remplacer* {Insert chapter one text here.} par {Insérer ici le texte du chapitre un.} », vous devez comprendre et savoir exécuter cette commande avec votre traitement de texte. Si je vous dis : « dans votre interface CreateSpace cliquez sur le lien [Proof your book] », vous devez savoir quoi faire, savoir accomplir cette action : cliquer sur un lien.[4]

---

[4] Petites conventions pour ce livre : les commandes des logiciels (par exemple : *Enregistrer*, *Copier-Coller*, etc.) sont écrites en italiques ; les données que vous devez saisir dans un champ sont écrites entre accolades (par exemple : pour {^s}, vous devez évidemment saisir les deux caractères entre les accolades, mais pas les accolades ; si vous voyez {« }, vous devez saisir le guillemet ouvrant et un espace à la suite, faites attention !) ; les boutons et les liens sur lesquels vous devez cliquer sont présentés entre crochets (par exemple : [Save], signifie que vous devez cliquer sur le bouton intitulé « Save »).

Si vous en êtes encore à la machine à écrire et au Minitel, c'est certain que cela va être difficile. Mais ne vous découragez pas. Pour une personne motivée, l'informatique s'apprend facilement et rapidement et à tout âge. Si des petits de 5 ans deviennent vite des experts de l'informatique, un grand garçon ou une grande fille comme vous doit aussi bien y parvenir ! Vous voulez le publier votre bouquin ou pas ? Alors au boulot !

Le prérequis des prérequis : avoir un manuscrit !

Enfin, *last but not least*, comme disent les anglais : **avoir un manuscrit à publier est indispensable.** Je veux dire par là que ce présent manuel ne va pas vous apprendre à être écrivain, à écrire. Ni vous apprendre non plus à vous exprimer en bon français et à corriger vos fautes d'orthographe.[5]

Donc, vous avez ce fameux manuscrit. Il est corrigé, archicorrigé, car archilu, relu, par vous et de nombreux amis. Vous êtes à peu près sûr de votre texte et vous vous sentez prêt pour l'autopublication. Hé bien, de mon côté, je suis prêt, aussi, à tout vous expliquer pour autopublier votre prochain livre avec CreateSpace, sur Amazon, dans le monde entier !

---

[5] Nous vous recommandons, à ce propos, le logiciel de correction « Antidote », peu onéreux et qui est un incontournable pour l'écrivain solitaire (http://www.antidote.info).

LA FABRICATION DE L'ÉPREUVE

Vous avez donc écrit un manuscrit,[6] avec un traitement de texte, comme OpenOffice ou Microsoft Word, mais tout autre traitement de texte évolué peut être utilisé. Peut-être avez-vous commencé à « formater » ce fichier : mettre les titres de chapitre en gras et gros caractères, choisir une police de caractères, formater les paragraphes, etc. Travail inutile, nous allons le voir. Donc, la prochaine fois, tapez simplement votre manuscrit, comme on dit « au kilomètre » et ne vous préoccupez pas du formatage, car celui-ci va dépendre d'un modèle, le **modèle CreateSpace**. En fait, deux cas de figure peuvent ainsi se présenter :

1) soit vous avez effectivement un fichier manuscrit réalisé à partir d'un traitement de texte et vous allez devoir le copier-coller dans le fichier modèle CreateSpace ;

2) soit vous avez un manuscrit « d'autrefois », écrit à la main ou tapé à la machine, ou bien encore, vous n'avez pas écrit votre livre, mais vous avez l'intention de vous y mettre, auquel cas, vous allez directement écrire dans le fichier modèle CreateSpace.

---

[6] Bien entendu, le terme « manuscrit » est utilisé ici dans son acception moderne qui signifie un texte original, non encore publié, et non selon sa définition étymologique d'un texte « écrit à la main » (manu-scrit). Quoique pour taper sur un clavier, il faut bien se servir de ses mains aussi…

Question épineuse : où trouver ce fichier modèle CreateSpace ? Sur le site de CreateSpace, évidemment. Il est d'ailleurs temps de vous en donner l'adresse internet (voir la note ci-dessous).[7]

Une fois rendu sur place, le francophone que vous êtes va être confronté à deux problèmes : le site est en anglais et son système d'aide est pour le moins… confus. Je ne dis pas que l'on ne parvient pas à y trouver l'aide souhaitée, mais il faut parfois chercher un bon moment et… en anglais… Vous voyez le tableau. D'où l'utilité de ce présent manuel, qui va tout vous expliquer… en français ! Et même vous fournir un modèle de fichier CreateSpace en français aussi. Mais tout d'abord, examinons toute l'étendue des possibilités qui vous sont offertes chez CreateSpace.

Les modèles de livre que vous pourriez envisager

En premier lieu, vous pouvez choisir entre le livre en noir et blanc (ou nuances de gris) et le livre couleur. Cependant, je vous déconseille le livre couleur, sauf si vraiment vous voulez faire un ouvrage d'art contenant de nombreuses illustrations qui nécessitent de la couleur. La raison en est tout simplement le coût de fabrication. La fabrication d'un livre couleur est très onéreuse, comparativement au même livre en noir et blanc. Aussi, si le faible prix de votre livre, compte tenu de ce qu'il contient, peut avoir un impact sur les ventes, vous seriez bien avisé de faire dans le blanc et noir. En tout cas, dans la suite de ce manuel on considérera que vous avez opté pour le noir et blanc.

Concernant le papier, pour du noir et blanc, deux teintes vous sont proposées : le blanc et le blanc crème. Pour l'avoir testé, surtout ne choisissez jamais le « blanc crème ». Cela donne un papier jaunâtre du plus mauvais effet et qui gêne sérieusement la lecture. Donc, du papier blanc est la bonne solution.

Concernant le format de votre livre, 12 formats sont proposés par CreateSpace (pour le noir et blanc). Il s'agit des formats qui correspondent aux standards industriels (trois autres formats sont proposés, mais ne correspondant pas à tous les standards, ils peuvent ne pas être diffusés dans certains canaux de distribution). Ces formats

---

[7] https://www.createspace.com

vous sont présentés dans le tableau qui suit (papier blanc, impression noir et blanc, uniquement).

Format centimètres	Format pouces	Nombre de pages
12,7 × 20,32	5 × 8	24 - 740
12,9 × 19,8	5.06 × 7.81	24 - 740
13,3335 × 20,32	5.25 × 8	24 - 740
13,97 × 21,59	5.5 × 8.5	24 - 740
15,24 × 22,86	**6 × 9**	**24 - 740**
15,6 × 23,4	6.14 × 9.21	24 - 740
17 × 24,4	6.69 × 9.61	24 - 740
17,78 × 25,4	7 × 10	24 - 740
18,9 × 24,6	7.44 × 9.69	24 - 740
19,1 × 23,5	7.5 × 9.25	24 - 740
20,32 × 25,4	8 × 10	24 - 400
21,59 × 27,94	8.5 × 11	24 - 570

Les formats sont en centimètres, mais aussi en pouces (américains), car ce sont surtout les pouces que vous verrez s'afficher sur le site de CreateSpace. Et puis le nombre de pages minimum (24) et maximum (400, 570 ou 740) que peut comporter votre livre. La ligne sur fond gris est le format que je vous recommande. C'est d'ailleurs le format par défaut qui est présenté dans l'interface CreateSpace lorsque vous créez un nouveau livre. C'est un format très standard, passe-partout, commun. Autant l'utiliser.[8]

Ce qui est le plus important est d'optimiser les trois paramètres de vente de votre futur ouvrage : un moindre coût de fabrication, un petit prix, mais une bonne marge en « royalties » (l'argent que vous allez gagner sur les ventes) pour vous ! Moins l'ouvrage est cher à fabriquer et plus vous pourrez le vendre à un prix attractif tout en ayant un bénéfice convenable. Ce que l'on peut représenter avec les trois curseurs ci-dessous.

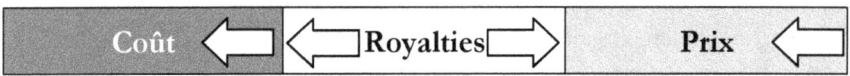

---

[8] Le présent livre, que vous avez entre les mains, est à ce format, papier blanc, couleur noir et blanc. Il a été réalisé avec OpenOffice.

Nous verrons cette question du prix de vente plus loin, mais on peut dès à présent prendre un exemple avec un livre qui reviendrait à 5,50€ à la fabrication : vous pouvez le vendre 9,90€ et empocher 4,40€ à chaque vente. Mais si votre livre revient à 11,00€ à la fabrication et que, raisonnablement, peu l'achèteront au-dessus de 12,00€, il ne vous reste plus qu'un euro de royalties.

Cela dit, vous faites comme bon vous semble et vous avez même la possibilité de définir votre propre format, hors des standards industriels. Vous êtes libres ! Cependant, dans le cadre de ce présent manuel, je vous propose de choisir raisonnablement le format 15,24 cm × 22,86 cm (6 × 9 pouces), en noir et blanc (papier blanc recommandé). Vous pouvez télécharger l'un des modèles de fichier CreateSpace à l'adresse internet ci-dessous.[9]

Les formats sont indiqués en pouces et en centimètres. Deux types de modèles sont proposés sous forme de fichiers Word, soit un modèle vide (il n'y a que le format largeur hauteur : [Download blank Word template]), soit un modèle contenant un échantillon de texte que vous remplacerez par votre propre texte [Download blank template with sample formatted content]. Je vous recommande vivement ce second modèle, car il comporte des réglages et formats de mise en page, de police de caractère, de paragraphe, d'en-tête, etc., qui sont une bonne base et un guide pour obtenir au final un livre de facture très professionnelle.

Le modèle que vous allez ainsi télécharger sera en anglais. Aussi, je vous propose de télécharger une version en français, au choix : soit un modèle réalisé avec OpenOffice,[10] soit un modèle réalisé avec Word.[11] Je vous propose un modèle OpenOffice, car ce traitement de texte est gratuitement accessible sur internet[12] (tout le monde ne peut pas se payer Microsoft Word).

Ainsi, au choix, dans le modèle OpenOffice (Modele-CS.odt) ou Word (Modele-CS.doc), vous allez copier-coller votre manuscrit ou écrire (taper) votre livre, au format 15,24 cm × 22,86 cm. Cependant, comme vous pourriez avoir envie d'un autre format, je vais vous

---

[9] https://www.createspace.com/Products/Book/InteriorPDF.jsp

[10] https://www.dropbox.com/s/8u5q1iq161uvp6a/Modele-CS.odt?dl=0

[11] https://www.dropbox.com/s/0zmh64x50wamete/Modele-CS.doc?dl=0

[12] https://www.openoffice.org/fr/Telecharger/

expliquer maintenant comment j'ai « francisé » le fichier modèle de CreateSpace et donc, comment vous pourriez franciser un autre format qui vous conviendrait davantage. Cependant, si vous décidez d'utiliser mon modèle francisé, vous pouvez sauter les pages qui suivent et vous rendre directement à la section concernant la « Réalisation du manuscrit à partir du modèle », page 17.

Franciser un modèle de fichier CreateSpace

Les différentes étapes, dans l'ordre d'exécution, sont numérotées, afin que les choses soient bien claires pour vous. En alternance, vous aurez les consignes d'abord d'OpenOffice, puis de Word. Encore une fois, je ne vais pas vous expliquer comment utiliser l'un ou l'autre de ces logiciels de traitement de texte, d'autant que la façon de mettre en œuvre les fonctions peut légèrement varier d'une version à une autre, ou suivant que vous passez par un bouton de barre d'outils, une macro ou le menu classique. Je vais simplement vous indiquer les fonctions du logiciel à mettre en œuvre avec les paramètres nécessaires. À vous de vous débrouiller !

Supposons que vous vouliez franciser le format 5,25 × 8 pouces (*inches*), soit 13,335 × 20,32 centimètres, que vous venez de télécharger.[13] Ce fichier s'appelle :

CreateSpace Formatted Template – 5.5 x 8.5.doc

Pour nous simplifier la vie, je vous propose de le renommer comme ceci : **Modèle-CS.doc**. C'est le point de départ.

1) OpenOffice : ouvrir Modèle-CS.doc et faire enregistrer sous le même nom, mais au format d'OpenOffice .odt, ce qui donne un fichier appelé : **Modèle-CS.odt**. C'est ce fichier que vous allez franciser si vous faites le choix d'utiliser OpenOffice au lieu de Word. Donc, vous avez ouvert dans OpenOffice Modèle-CS.odt.

1) Word : ouvrir Modèle-CS.doc.

---

[13] http://createspacecommunity.s3.amazonaws.com/Interior Template Files/Formatted Templates/CreateSpace Formatted Template – 5.5 x 8.5.doc

2) OpenOffice : toute première opération : sélectionnez l'ensemble du document (touches Ctrl + a, tout le document passe en fond bleu clair) et allez à format paragraphe, affichez l'onglet *Enchaînements* et cliquez dans les cases à cocher *Traitement des orphelines* et *Traitement des veuves* et assurez-vous que les deux paramètres soient réglés à 2 lignes. Puis cliquez sur le bouton *OK* en bas. En faisant cela, vous éviterez de vous retrouver avec un, deux ou trois mots en première ligne de page. OpenOffice ajustera le texte de la fin de certains paragraphes pour qu'il y ait au moins deux lignes en haut de page.

2) Word : toute première opération : sélectionnez l'ensemble du document (touches Ctrl + a, tout le document passe en vidéo inverse, le texte en blanc sur fond noir) et allez à format paragraphe, affichez l'onglet *Enchaînements* et cliquez dans la case à cocher *Eviter veuves et orphelines* afin que la coche ne soit ni absente, ni grise, mais noire. Puis cliquez sur le bouton *OK* en bas. En faisant cela, vous éviterez de vous retrouver avec un, deux ou trois mots en première ligne de page. Word ajustera le texte de la fin de certains paragraphes pour qu'il y ait au moins deux lignes en haut de page.

3) OpenOffice : à la différence de Word, OpenOffice ne peut pas centrer du texte verticalement en milieu de page, par contre, il peut centrer un cadre. Vous allez donc sélectionner le titre du livre {Book Title} et le nom de l'auteur {AUTHOR NAME} et les *Couper* (Ctrl + x). Puis, dans la page devenue vide, vous faites *Insertion/Cadre*. Dans la fenêtre qui s'ouvre, onglet *Type*, la *Taille Largeur* et *Hauteur* est sur *Automatique*. *Ancrer*, sélectionnez *A la page*. *Position*, *Centre* pour *Horizontal* et *Vertical*. Pour *Zone de texte*, dans les deux cas. Cliquez sur le bouton *OK* en bas. Enfin, faites *Coller* dans le cadre (Ctrl + v). Ajustez le cadre à droite et à gauche de la zone de texte de la page, si besoin. À la place de {Book Title} vous écrivez {Titre du livre} (ou le titre réel de votre livre si vous vous lancez tout de suite).

3) Word : à la place de {Book Title} vous écrivez {Titre du livre} (ou le titre réel de votre livre si vous vous lancez tout de suite).

4) OpenOffice ou Word : à la place de {AUTHOR NAME} vous entrez {NOM DE L'AUTEUR} (ou votre nom d'auteur ou votre pseudonyme si c'est le cas).

5) OpenOffice ou Word : entre le titre et le nom de l'auteur, vous avez la possibilité de mettre un sous-titre éventuellement. Pour cela, entrez une ligne supplémentaire sous le titre, écrivez {Sous-titre} (ou le sous-titre réel de votre livre), sélectionnez ce que vous avez écrit et réduisez la taille des caractères à 24 (au lieu de 36).

6) OpenOffice : sélectionnez les lignes du Copyright et des ISBN, faites *Couper* et insérez un cadre, comme au point 3. La seule chose qui change dans le formatage de ce cadre est qu'à *Position*, *Vertical*, vous sélectionnez *Bas*. Puis collez le texte Copyright et ISBN dans le cadre. Sélectionnez les lignes du Copyright et des ISBN et augmentez la taille des caractères de 10 à 11 ou 12. Changez l'année du copyright et écrivez le nom de l'auteur. Remplacez éventuellement la mention {All rights reserved.} par {Tous droits réservés.}. Insérez un espace insécable entre ISBN et ISBN-13 et les deux points (:, en français tous les points « doubles » sont précédés d'un espace insécable – Ctrl + Maj + Espace). Lorsque vous aurez ces numéros, il ne faudra pas oublier de les insérer ici.

6) Word : page suivante, sélectionnez les lignes du Copyright et des ISBN et augmentez la taille des caractères de 10 à 11 ou 12. Changez l'année du copyright et écrivez le nom de l'auteur. Remplacez éventuellement la mention {All rights reserved.} par {Tous droits réservés.}. Insérez un espace insécable entre ISBN et ISBN-13 et les deux points (:, en français tous les points « doubles » sont précédés d'un espace insécable – Ctrl + Maj + Espace). Lorsque vous aurez ces numéros, il ne faudra pas oublier de les insérer ici.

7) OpenOffice ou Word : page suivante, remplacez {DEDICATION} par {DÉDICACE} (pensez à utiliser l'insertion de *Caractères spéciaux* pour insérer la lettre majuscule accentuée « É »).

8) OpenOffice : faites ensuite *Rechercher & remplacer* {Insert dedication text here} par {Insérer le texte de dédicace ici}.

8) Word : faites ensuite *Remplacer* {Insert dedication text here} par {Insérer le texte de dédicace ici}.

9) OpenOffice ou Word : deux pages plus loin, remplacez {CONTENTS} par {TABLE DES MATIÈRES}. Dessous, supprimez le tableau contenant une table des matières fictive en anglais. Celle-ci sera ultérieurement remplacée par une table des matières automatique réalisée avec une fonction d'OpenOffice ou de Word.

10) OpenOffice : deux pages plus loin, remplacez {ACKNOWLEDGMENTS} par {REMERCIEMENTS}. Faites *Rechercher & remplacer* {Insert acknowledgments text here} par {Insérer le texte des remerciements ici}.

10) Word : deux pages plus loin, remplacez {ACKNOWLEDGMENTS} par {REMERCIEMENTS}. Faites *Remplacer* {Insert acknowledgments text here} par {Insérer le texte des remerciements ici}.

11) OpenOffice : deux pages plus loin, faites *Rechercher & remplacer* {CHAPTER NAME} par {NOM DU CHAPITRE}.

11) Word : deux pages plus loin, faites *Remplacer* {CHAPTER NAME} par {NOM DU CHAPITRE}.

12) OpenOffice : ensuite, une opération un peu fastidieuse, mais que vous n'aurez plus à faire ultérieurement, faites *Rechercher & remplacer* {Insert chapter one text here} par {Insérer le texte du chapitre ici}. Ensuite, ne refermez pas la fenêtre de remplacement et remplacez dans la phrase anglaise {one} par {two} et cliquez pour tout remplacer. Puis, la même chose pour {three}, {four}, {five}, {six}, {seven}, {eight}, {nine} et {ten} (la structure du modèle comporte dix chapitres), la phrase de remplacement en français restant identique {Insérer le texte du chapitre ici}.

12) Word : ensuite, une opération un peu fastidieuse, mais que vous n'aurez plus à faire ultérieurement, faites *Remplacer* {Insert chapter one text here} par {Insérer le texte du chapitre ici}. Ensuite, ne refermez pas la fenêtre de remplacement et remplacez dans la phrase anglaise {one} par {two} et cliquez pour tout remplacer. Puis, la même chose pour {three}, {four}, {five}, {six}, {seven}, {eight}, {nine} et {ten} (la structure du modèle comporte dix chapitres), la phrase de remplacement en français restant identique {Insérer le texte du chapitre ici}.

13) OpenOffice ou Word : descendez quelques pages plus bas dans le document. Vous voyez les en-têtes (tout en haut des pages)

{AUTHOR NAME} (pages paires) et {BOOK TITLE} (pages impaires). Allez dans l'affichage des en-têtes (il suffit de cliquer (OpenOffice) ou double-cliquer (Word) sur l'en-tête) et changez {AUTHOR NAME} par {NOM DE L'AUTEUR}» et {BOOK TITLE} par {TITRE DU LIVRE} (ou le titre réel de votre livre, le cas échéant). Vous ne devez faire cette opération qu'une seule fois, car elle va se répercuter sur toutes les pages (heureusement !). Il n'y a pas d'en-tête pour certaines pages, comme la première page d'un chapitre, c'est normal, ne touchez à rien.

14) OpenOffice : ensuite, allez à la dernière page et remplacez {ABOUT THE AUTHOR} par {À PROPOS DE L'AUTEUR} (avec le caractère « À » c'est plus joli – *Insertion/Caractères spéciaux*) et faites *Rechercher & remplacer* {Insert author bio text here} par {Insérer la biographie de l'auteur ici}.

14) Word : ensuite, allez à la dernière page et remplacez {ABOUT THE AUTHOR} par {À PROPOS DE L'AUTEUR} (avec le caractère « À » c'est plus joli – *Insertion/Caractères spéciaux*) et faites *Remplacer* {Insert author bio text here} par {Insérer la biographie de l'auteur ici}.

15) OpenOffice : ensuite, revenez à la page de la Table des matières, positionnez le curseur sous le titre, entrez deux lignes vides, repositionnez le curseur deux lignes sous le titre et formatez alignement à gauche. Puis, insérez une table des matières avec « CSP - Chapter title » comme *Champ d'entrée de table* (*Insertion/Index et tables/Index et tables…*, onglet *Styles*, sélectionnez à droite *Styles de paragraphe* {CSP - Chapter Title} et cliquez sur le bouton < pour transférer ce style à gauche *Niveaux*). Vous devriez voir apparaître tous les intitulés des dix chapitres, ainsi que « À PROPOS DE L'AUTEUR », avec les numéros de page. Une fois cette table automatique réalisée, vous devez savoir que vous pouvez la mettre à jour à tout moment en deux clics de souris, sans perdre votre temps à contrôler toute la pagination de votre livre et risquer de faire des erreurs. **Nota :** nous sommes dans le cas de figure d'une petite table des matières (moins d'une page), celle-ci est placée dans un cadre centré au milieu de la page. Cependant, pour une table des matières comprenant plus d'une page, il suffit de sélectionner la table et son titre, de la copier (de supprimer le cadre) et de la coller dans la page.

15) Word : ensuite, revenez à la page de la Table des matières, positionnez le curseur sous le titre, entrez deux lignes vides, repositionnez le curseur deux lignes sous le titre et formatez alignement à gauche. Puis, insérez une table des matières avec « CSP - Chapter title » comme *Champ d'entrée de table* (*Insertion/Référence/Tables et index…*, onglet *Table des matières*). Après avoir cliqué sur *OK*, vous devriez voir apparaître tous les intitulés des dix chapitres, ainsi que « À PROPOS DE L'AUTEUR », avec les numéros de page. Une fois cette table automatique réalisée, vous devez savoir que vous pouvez la mettre à jour à tout moment en deux clics de souris, sans perdre votre temps à contrôler toute la pagination de votre livre et risquer de faire des erreurs. **Nota** : nous sommes dans le cas de figure d'une petite table des matières (moins d'une page), celle-ci est placée au milieu de la page. Cependant, pour une table des matières comprenant plus d'une page, il suffit de changer son alignement vertical dans la page (*Fichier/Mise en page/Disposition/Page/Alignement vertical/Haut*).

16) OpenOffice : pour terminer, sélectionnez l'ensemble du document (Ctrl + a) et allez au menu *Outil/Langue/Pour tout le texte* pour sélectionner *Français (France)*, ceci afin de bénéficier de la fonction de correction orthographique d'OpenOffice. Pour les notes bas de page, vous devez faire un clic droit sur l'une de ces notes et, dans le menu contextuel, sélectionner *Éditer le style de paragraphe…* et, dans l'onglet *Police*, sélectionner la langue *Français (France)*. Ce paramétrage se répercutera dans toutes les notes bas de page existantes et à venir.

16) Word : pour terminer, sélectionnez l'ensemble du document (Ctrl + a) et allez au menu *Outil/Langue/Langue…* pour sélectionner *Français (France)*, ceci afin de bénéficier de la fonction de correction orthographique de Word. Concernant les notes bas de page, par automatisme, les notes bas de page sont corrigées avec la langue sélectionnée pour le reste du texte.

Vous en avez terminé avec le modèle CreateSpace désormais francisé et quelque peu adapté. Sauvez-le et gardez-le précieusement dans votre ordinateur, il pourra resservir. Un dernier point concerne la police de caractères utilisée : *Garamond*. Vous pourriez tout changer avec *Times New Roman*, par exemple. Mais je vous conseille de garder

Garamond qui est une police moderne, légère et agréable à lire. Simplement, vous pouvez encore jouer sur la taille de cette police dans le texte des chapitres. Pour un gros livre choisissez 11, pour un livre plus petit vous pouvez choisir 12, voire même 14 pour un manuel de quelques dizaines de pages seulement (n'oubliez pas que vous avez droit à 24 pages minimum et 400, 570 ou 740 pages maximum en fonction du format).

Réalisation du manuscrit à partir du modèle

À présent, vous allez pouvoir vous attaquer à la réalisation de votre livre, le manuscrit, à partir du modèle CreateSpace, que vous avez téléchargé à partir de l'adresse DropBox indiquée, ou bien à partir du modèle que vous avez téléchargé de CreateSpace et francisé.

Faites une copie du fichier modèle CreateSpace et renommez cette copie en lui donnant, par exemple, le titre de votre livre. Supposons que ce titre soit « Mon premier livre », le fichier pourrait donc s'appeler {Mon premier livre.odt} pour OpenOffice ou {Mon premier livre.doc} pour Word. Pour la suite des opérations que vous allez devoir réaliser, nous indiquerons les façons de faire, selon OpenOffice et selon Word, si nécessaire.

1) Vous ouvrez dans votre traitement de texte le fichier de votre livre : {Mon premier livre.odt} (OpenOffice) ou {Mon premier livre.doc} (Word).

2) Sur la première page, vous entrez le titre, l'éventuel sous-titre et votre nom d'auteur (ou votre pseudonyme, si tel est votre choix). Ne changez rien concernant la police de caractère, ni le type de police, ni la taille. Choisissez un titre et un sous-titre assez courts. Le nom de l'auteur est en capitales (majuscules).

3) Page suivante, modifiez les informations de copyright, l'année et le nom de l'auteur. Les numéros ISBN seront indiqués plus tard, au moment de la création de votre livre dans l'interface CreateSpace.

4) Page suivante, si vous souhaitez écrire une dédicace, c'est ici. Sinon, vous pouvez supprimer les pages 3 et 4.

5) Page suivante, concernant la table des matières, pour le moment, vous n'avez rien à y faire. Nous verrons plus tard comment la mettre à jour.

6) Page suivante, écrivez vos éventuels remerciements. Sinon, supprimez cette page et la suivante.

7) Vous arrivez sur la première page du texte de votre livre. Entrez le titre de votre premier chapitre.[14] Pour une question de méthode et pour faciliter votre travail, je vous conseille de descendre plus bas dans le document et d'entrer, dès à présent, les titres de tous vos chapitres. Si vous avez moins de 10 chapitres, effacez les autres chapitres du modèle. Par contre, si vous avez plus de 10 chapitres, faites autant de copiés-collés que nécessaire du dixième chapitre modèle. Ensuite, allez sur la page de la table des matières, afin de la mettre à jour.

Avec OpenOffice faire un clic droit sur la table et cliquer sur *Actualiser index/table*. Avec Word, faites un clic droit de la souris sur la table, sélectionnez *Mettre à jour les champs* et, dans la petite fenêtre qui s'ouvre, sélectionnez *Mettre à jour toute la table* et cliquez sur *OK*. De cette façon, vos intitulés de chapitre vont apparaître dans la table des matières. Ceci facilitera votre travail, pour repérer où vous en êtes, car la réalisation de votre livre pourrait vous prendre plusieurs jours, éventuellement.

8) Si ce n'est déjà fait, modifiez (clic pour OpenOffice ou double-clic pour Word, sur l'en-tête) les en-têtes de pages en entrant, en lettres capitales, le nom de l'auteur et le titre du livre (lorsqu'on ouvre le livre, on doit avoir sur la page paire, à gauche, le nom de l'auteur et sur la page impaire, à droite, le titre du livre).

9) Vous devez avoir ouvert, en parallèle, dans une autre fenêtre, le fichier de votre manuscrit original. Vous allez donc, à présent, copier-

---

[14] Ici se pose la question de la structure de votre livre. On conviendra que vous avez un livre à la structure simple, avec une série de chapitres comportant chacun un intitulé. Pour des structures plus complexes, avec des sous-chapitres, des sections, etc., que vous voudriez voir apparaître dans la table des matières, vous devez apprendre à utiliser la fonction *Table des matières* de votre logiciel de traitement de texte.

coller le texte du premier chapitre de votre livre à la place du texte du modèle {Insérer le texte du chapitre ici. ...}. Pour cela, vous sélectionnez entièrement tout le premier chapitre de votre livre et vous faites *Copier* (Ctrl + c), vous allez ensuite dans le document « Mon premier livre », vous sélectionnez entièrement le texte du premier chapitre (l'enfilade des {Insérer le texte du chapitre ici. ...}), puis vous allez au menu *Édition/Collage spécial/Texte non formaté* (OpenOffice) ou *Édition/Collage spécial/Texte sans mise en forme* (Word), cliquez *OK*. Le texte de votre livre se collera à la place du texte du modèle (ou bien vous commencez à écrire votre livre, mot à mot, à la place du texte du modèle).

Vous devez faire un collage spécial avec un texte sans mise en forme afin d'éviter que le formatage des caractères et des paragraphes de votre fichier original ne soient transportés dans le fichier de votre livre « Mon premier livre ». Les caractères doivent être au final en Garamond taille 11 ou 12, suivant ce que vous avez choisi.

Dans OpenOffice, le format des paragraphes se présente ainsi : *Alignement/Options* {Justifié}, *Dernière ligne* {Gauche}, *Retraits et espacements/Avant le texte* {0,00 cm}, *Après le texte* {0,00 cm}, *Première ligne* {0,51 cm}, *Espacement/Au-dessus du paragraphe* {0,00 cm}, *En dessous du paragraphe* {0,00 cm}, *Interligne* {Simple}

Dans Word : *Retrait et espacement/Général* {Justifié}, *Retrait/Gauche* {0 cm}, *Retrait/Droit* {0 cm}, *Retrait/De 1ère ligne* {0,51 cm}, *Espacement/Avant* {0 pt}, *Espacement/Après* {0 pt}, *Interligne* {Simple}.

Notez que le premier paragraphe de chaque chapitre n'a pas de retrait positif (*Retraits et espacements/Première ligne* {0,00 cm} dans OpenOffice ou {(Aucun)} dans Word). C'est comme ça ![15]

10) Réalisez la même opération pour tous les chapitres de votre livre.

11) Dernière page du livre, écrivez éventuellement la biographie de l'auteur. Sinon, supprimez cette page.

---

[15] Notez bien que vous êtes totalement libre de modifier selon vos goûts tous ces paramètres de formatage, au risque d'un résultat étrange, voire déroutant, voire pire… Les formatages que je vous indique ici garantissent un livre de facture professionnelle, c'est tout.

Avant la relecture et vérification de votre livre, vous allez devoir réaliser une petite opération bien française. Comme dit précédemment, en français (de France, chez les Québécois c'est différent), tous les « doubles points » sont précédés d'un espace insécable. Vous allez vite comprendre ce que c'est. En copiant-collant votre livre avec la fonction *Collage spécial, Texte non formaté* (OpenOffice) ou *Texte sans mise en forme* (Word), tous les espaces insécables ont disparu, remplacés par de simples espaces.

Le problème, ce sont les bouts de lignes. Cela peut nous donner : ceci. Vous constatez en lisant ces lignes que les deux points après « donner » sont en début de ligne à gauche, ce qui n'est pas typographiquement correct. Cela est dû au fait qu'après « donner » j'ai mis un simple espace sécable. Un autre exemple qui va donner : ceci. Le mot « donner » et les deux points qui le suivent sont comme attachés, ne formant qu'un seul mot, que le traitement de texte passe à la ligne suivante (ou laisse en bout de ligne si le formatage de ligne le permet). Cette règle vaut pour tous les doubles points (: ; ! ?), ainsi que les guillemets, mais nous verrons la question des guillemets plus loin. Donc, voici l'opération à réaliser. Vous allez au tout début de votre livre (page de couverture).

Dans OpenOffice, vous lancez la fonction *Édition/Rechercher & remplacer/Rechercher* { :}, *Remplacer par* { :}. Heu ! C'est sûr ? Voilà l'explication : dans le champ *Rechercher*, vous tapez un espace sécable (touche espace) et deux points, ce qui donne ceci : { :}, mais dans le champ *Remplacer par*, vous tapez Alt + 0160 (vous maintenez la touche Alt du clavier enfoncée, vous tapez 0160 au clavier numérique et vous relâchez la touche Alt, ce qui donne ceci : { :}. Visuellement c'est la même apparence, mais en fait, il y a bien un espace sécable dans le premier champ et un espace insécable dans le second. Il ne vous reste plus qu'à cliquer sur le bouton *Tout remplacer*.

Dans Word, les choses sont un peu plus… visibles ! Vous lancez la fonction Edition/Remplacer/Rechercher { :} (un espace sécable - touche espace - et deux points). Dans le champ *Remplacer par* vous tapez {^s:} (le signe ^ se fait en tenant enfoncée la touche Alt gr + touche 9ç^ en première ligne du clavier (pas le clavier numérique). Avec Word {^s} est le symbole de l'espace insécable (notez que cela marche aussi bien avec Alt + 0160, comme dans OpenOffice). Cliquez sur le bouton *Remplacer tout*.

Ensuite, vous recommencez la même opération en remplaçant (dans les deux champs de saisie !) les deux points [:] par le point-virgule [;], puis le point d'exclamation [!], enfin, le point d'interrogation [?] et, bien entendu, à chaque fois, vous cliquez sur le bouton *Tout remplacer* ou *Remplacer tout*.[16] Notez que si vous voulez placer un espace insécable ponctuellement dans votre texte, il suffit de faire au clavier, en même temps, Ctrl + Maj + Espace (OpenOffice ou Word).

Concernant les guillemets. Les guillemets en français (de France) sont comme ceci : {« »} (ils ne sont pas comme ça : {" "}, ni comme ça : {" "}, ni autrement).[17] Les guillemets français sont suivis d'un espace insécable pour le guillemet ouvrant (à gauche du mot) et précédés d'un espace insécable pour le guillemet fermant (à droite du mot). Donc, au fur et à mesure de la relecture de votre livre, s'il comporte des guillemets, vous devez vous assurer qu'il s'agit bien de guillemets à la mode française et qu'ils sont bien suivis/précédés d'un espace insécable.

Dans OpenOffice, vous remplacez {« } (signe guillemet ouvert - que vous pouvez faire avec Alt + 0171 - et touche espace), par {« } (ici l'espace après le guillemet est fait avec Alt + 0160). Puis, pour le guillemet fermant, vous remplacez { »} (touche espace et Alt + 0187), par { »} (ici, avant le guillemet vous entrez Alt + 0160).

Dans Word, vous remplacez {« }(signe guillemet ouvert - que vous pouvez faire avec Alt + 0171 - et touche espace), par {«^s}, pour le guillemet ouvrant. Puis, pour remplacer { »}, par {^s»}, pour le guillemet fermant (Alt + 0187).

Autres petits fignolages, cette fois uniquement si vous utilisez OpenOffice. Il est possible que les apostrophes que vous entrez soient affreusement comme ceci : {'}. Si c'est le cas, un petit paramétrage s'impose : faites *Outils/Options d'AutoCorrection*, onglet *Options linguistiques*, cochez la case *Guillemets simples/Remplacer*. Le

---

[16] À noter que si votre traitement de texte (OpenOffice ou Word) est configuré avec la *Langue/Français (France)*, il placera automatiquement des espaces insécables au bon endroit au fur et à mesure que vous écrivez (voir le dernier point, point 16, concernant la création du fichier modèle).

[17] Lorsque vous placez des guillemets dans une phrase elle-même entre guillemets, vous pouvez utiliser ces guillemets {" "} ou encore ceux-ci {' '} (voir la fonction *Insertion/Caractères spéciaux* du traitement de texte), sans espace, ni sécable ni insécable.

résultat est que, désormais, lorsque vous tapez une apostrophe, vous obtenez ceci : {'}.

Toujours avec OpenOffice, la question des points de suspension (trois petits points). Il y a les faux {...} et les vrais {…}. Les premiers, les faux, restent trois petits points et vous pouvez placer le curseur entre le premier et le second ou le second et le troisième. Par contre, pour les « vrais » points de suspension, le curseur ne peut être placé que devant ou derrière, mais pas parmi eux. Il existe une fonction de remplacement dans OpenOffice (*Outils/Options d'AutoCorrection*, onglet *Remplacer*, quatrième ligne de la liste des remplacements). Le problème est que cela ne marche pas à tous les coups et pour que ... soit remplacé par …, il faut qu'il y ait un espace vide « avant » les trois points (cela vient visiblement de l'anglais). Or, en français, on met les trois points, sans espace, à coller avec le mot qui précède... Vous voyez le résultat ? Des faux points de suspension.

La solution est la suivante (dans OpenOffice), taper de « vrais » points de suspension { …} (espace + trois points). Sélectionnez ces points de suspension, puis faire : *Édition/AutoTexte*, sélectionnez une catégorie (par exemple, « My AutoText »), dans le champ *Nom* tapez {Point de suspension}, dans le champ Raccourci tapez {.} (juste un point). Cliquez ensuite sur le bouton *AutoTexte* et sélectionnez *Nouveau*. C'est fait, vous pouvez refermer la fenêtre (bouton *Fermer*). Désormais, pour insérer durant la frappe de vrais points de suspension, il vous suffit de taper un point (un seul) et d'appuyer sur la touche F3. **Nota :** si vous avez déjà plein de faux points de suspension dans votre texte, vous pouvez aisément faire un *Édition/Rechercher & remplacer* et tout remplacer d'un seul clic, avec {...} remplacé par {…} ; notez aussi que les vrais trois points de suspension peuvent se faire au clavier avec Alt + 0133).

Pensez à sauver régulièrement votre travail (Ctrl + s). Vous pouvez refermer le fichier de votre livre original (si ce n'est déjà fait) et, dans votre fichier « Mon premier livre.odt » (OpenOffice) ou « Mon premier livre.doc » (Word), vous allez vous attaquer à la relecture-correction-mise en page.

Des images à 300 DPI ou rien !

Mais avant cela, un petit détour par la question de l'insertion des images dans votre texte, si nécessaire. Il est possible que vous souhaitiez insérer des images dans votre livre. Pour obtenir une excellente qualité d'impression des images dans votre livre, vous devez éviter les images de mauvaise qualité, floues, de basse résolution. Le message habituellement délivré par CreateSpace en cas d'images non conformes est le suivant : « Votre fichier contient des images à moins de 200 DPI, qui peuvent paraître floues et pixélisées sur le tirage papier. Pour une impression optimale, nous vous recommandons une résolution d'au moins 300 DPI pour toutes les images. »

La résolution est une mesure du nombre de points par longueur d'image affichée ou imprimée. DPI signifie en anglais « dot per inch », ce qui se traduit par « points par pouce »[18] (il s'agit du « pouce » anglo-saxon qui vaut 2,54 cm). 300 DPI signifient donc qu'une ligne d'image d'une longueur de 2,54 cm est composée de 300 points, soit presque 12 points au millimètre.

À la fois pour contrôler ou pour augmenter la résolution d'une image que vous voudriez insérer dans votre livre, vous devez avoir installé dans votre ordinateur et savoir utiliser un logiciel de traitement d'image ou logiciel graphique. Il existe de multiples logiciels de ce type, certains gratuits, d'autres payants. Tous ne sont pas capables de gérer la résolution d'une image.[19]

Avec OpenOffice, vous aurez compris que ma philosophie est de vous permettre de créer un livre, de A à Z, à partir de logiciels gratuits (cependant, si vous pouvez vous payer un « Paint Shop Pro » ou un « Photoshop », tant mieux !). Aussi, je vais vous donner quelques exemples de traitement d'image avec le logiciel Gimp,[20] qui est entièrement gratuit. Une fois téléchargé, Gimp s'installera dans la langue de votre système, donc en français.

Nota : lorsque vous voulez télécharger un logiciel gratuit, cherchez le site web de développement de ce logiciel, afin d'installer « uniquement » le logiciel et rien d'autre ! Vous devez savoir qu'à partir de nombreux sites, soi-disant de téléchargement de logiciels

---

[18] Vous pouvez donc aussi trouver en français l'abréviation « ppp », qui signifie « points par pouce ».

[19] Par exemple, avec le logiciel « Paint » de Windows, vous pouvez vérifier dans les « Propriétés de l'image » sa résolution, mais vous ne pouvez pas la modifier.

[20] Téléchargement ici : http://www.gimp.org/downloads/

gratuits, vous allez télécharger un logiciel d'installation envahi de virus, de malwares et autres logiciels de publicité (évitez en particulier les « 01net.com », les « zdnet.fr », les « clubic.com », les « comment camarche.net », etc., le pire étant « softonic » et tous ses dérivés… À fuir comme la peste !). Dans le cadre de l'utilisation de Gimp, nous allons examiner cinq méthodes de traitement de graphisme : le graphisme produit par le traitement de texte ; le graphisme de copie d'écran ; le graphisme produit par le logiciel de traitement d'image ; le graphisme produit par un APN ; le graphisme téléchargé sur internet. À noter que tous les graphismes de votre ouvrage doivent être en niveaux de gris (et non pas en couleur), puisque nous sommes bien sur l'option d'un livre en noir et blanc.

1) Le graphisme produit par le traitement de texte.

Dans OpenOffice ou dans Word, tous les graphismes produits à partir des fonctions graphiques du traitement de texte, ne posent généralement aucun problème de résolution. Exemples :

Toutefois, CreateSpace peut, éventuellement, faire problème si vous placez une ombre autour, une trame ou une transparence dans votre graphique. Exemples :

Texte

Dans ce cas, vous pourriez utiliser la copie d'écran (méthode 2 suivante). Mais nous verrons plus loin comment tenir compte (ou pas) des avertissements de CreateSpace quant à la résolution.

2) Le graphisme de copie d'écran.

La façon la plus simple de faire une copie d'écran est d'utiliser la fonction « Print scr. » ou « Imp. écr. » (impression d'écran) de votre clavier. Supposons que vous vouliez insérer dans votre ouvrage une copie d'une fenêtre d'OpenOffice, disons la fenêtre de la fonction *Rechercher & remplacer*.

Affichez la fenêtre *Rechercher & remplacer*, sur une zone blanche, dégagée, de votre écran (pour contrôler les effets de transparence de Windows 7 ou plus). Puis, appuyez sur la touche « Imp. Écr. », si vous voulez l'écran dans son entier (mais pourquoi voudriez-vous l'écran dans son entier ?). Sinon, enfoncez la touche « Alt » et appuyez en même temps sur « Imp. Écr. », ce qui fera que vous ne capturerez que la fenêtre « Rechercher & remplacer » et sa bordure. Mais où est-elle cette capture ? Dans le presse-papier de Windows, bien évidemment. Et dans Gimp, vous faites *Édition/Coller comme/Nouvelle image*. Quoi de plus simple ?

Si vous voulez capturer une partie de l'écran (comme un graphisme du traitement de texte), appuyez simplement sur « Imp. Écr. » et dans Gimp, vous faites *Édition/Coller* (ou les touches Ctrl + v). Ensuite, il vous faudra utiliser l'outil Sélection de Gimp, pour découper la partie de l'image qui vous intéresse, la « capturer » avec les touches Ctrl + c et finir avec *Édition/Coller comme/Nouvelle image*.

L'image est dans Gimp, comment s'assurer d'une bonne résolution ? Pour cela, faire *Image/Échelle et taille de l'image…* Dans la petite fenêtre qui vient de s'ouvrir, vous voyez la *Taille* de l'image en pixels (568 × 433) et sa résolution horizontale (X) et verticale (Y) (72,000 pixels par pouces - il ne s'agit pas de 72000, mais bien 72 virgule des millièmes) Il vous suffit de changer la résolution à 300,000 pour X et pour Y (laissé la qualité à Cubique). Cliquez sur le bouton *Échelle*. Ensuite, faites *Image/Mode/Niveaux de gris* (car votre livre n'est pas en couleur, n'est-ce pas ?).

Il ne vous reste plus qu'à enregistrer cette image sous un nom, en faisant *Fichier/Export As…*, donnez un nom à l'image, sélectionnez l'endroit où vous voulez l'enregistrer et sélectionnez (en bas) le type de fichier (JPEG). Cliquez sur le bouton *Exporter*. Dans la fenêtre qui s'ouvre, assurez d'une « meilleure » qualité, une qualité à 100% et cliquez à nouveau sur *Exporter*.

À présent, dans OpenOffice, faites *Insertion/Image/À partir d'un fichier…* et sélectionnez votre image. Une fois l'image insérée dans votre livre, vous pouvez double-cliquer dessus pour ajuster sa taille. Cochez les deux cases *Relatif*, pour avoir la taille en pourcentage et mettez, par exemple, 60%, en fonction de l'usage que vous voulez faire de cette image dans votre texte. Notez qu'il est toujours préférable d'avoir de grandes images à réduire (moins de 100%), plutôt que des petites images à agrandir (plus de 100%), car dans ce dernier cas, la qualité d'impression risque de ne pas être au rendez-vous !

Exemple d'une image insérée à partir d'une copie d'écran via Gimp.

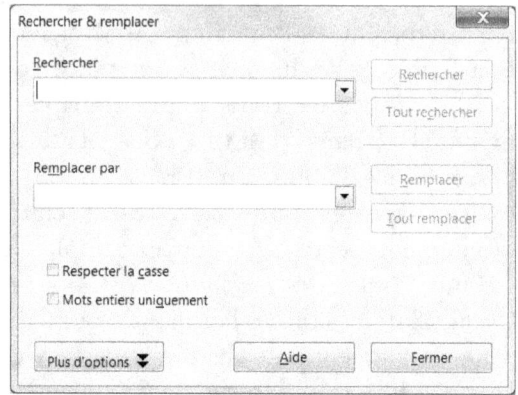

3) le graphisme produit par le logiciel de traitement d'image.

Peut-être voudrez-vous réaliser une image vous-même avec un logiciel de graphisme, par exemple, Gimp ! Dans ce cas, paramétrez l'image dès le départ. Dans Gimp donc, faites *Fichier/Nouvelle image…*, dans la fenêtre qui s'ouvre, entrez sa taille, en fonction de votre projet. Mais, soyez généreux, donnez des tailles entre 500 et 1000 pixels ou plus. Car, n'oubliez pas que dans le traitement de texte il vaut mieux réduire une grande image qu'agrandir une petite.

Dépliez les *Options avancées*, et entrez une résolution de 300,000 pixels par pouces, pour la largeur comme pour la hauteur. Puisque vous y êtes, que c'est pour votre livre en noir et blanc, dans *Espace de couleurs* (drôle de dénomination…), sélectionnez *Niveaux de gris*. Remplissez avec du blanc, par exemple, et cliquez *Valider*. Votre image blanche est prête à être travaillée.

Une fois votre image réalisée, exportez-la comme précédemment. *Fichier/Export As…*, donnez un nom à l'image, sélectionnez l'endroit où vous voulez l'enregistrer et sélectionnez (en bas) le type de fichier (JPEG). Cliquez sur le bouton *Exporter*. Dans la fenêtre qui s'ouvre, assurez d'une « meilleure » qualité, une qualité à 100% et cliquez à nouveau sur *Exporter*. Voici ce que cela peut donner (heu, c'est juste pour la démonstration, n'y cherchez pas une qualité artistique).

Image créée avec Gimp (format 1000 ✕ 600 pixels, résolution de 300 pixels par pouce, affichée dans le livre avec une largeur à 75%).

4) Le graphisme produit par un APN.

Si vous voulez insérer une image en provenance d'un appareil photo électronique, vous devez savoir que la qualité de cette image dépendra de la qualité de votre appareil. Évitez les photos prises avec un smartphone bas de gamme. Préférez un bon appareil photo avec une résolution de 4000 ✕ 3000 pixels, par exemple (une image de 2000 ✕ 1500 pixels est encore intéressante). Vous aurez un bon point de départ pour préparer une image de bonne qualité pour votre livre.

Ouvrez cette image dans Gimp. Je suppose que l'image est en couleur, donc, première opération la passer en niveaux de gris (*Image/Mode/Niveaux de gris*). Ensuite, vérifiez sa résolution (*Image/Échelle et taille de l'image…*), réglez-la à 300 pixels par pouces. Inutile de toucher à la taille (largeur, hauteur) de l'image. Exportez-la en JPEG de haute qualité. Puis, faites une insertion dans votre livre comme vous savez le faire désormais.

L'exemple d'image, présentée page précédente, est issu d'un bon appareil photo électronique, avec un format de 4000 **x** 2248 pixels et une résolution à 180, passée avec Gimp à 300 pixels par pouces. Une image en couleur au départ, passée en nuances de gris. Dans le livre, elle est affichée avec une largeur de 90%.

5) le graphisme téléchargé sur internet.

Enfin, il est possible que vous décidiez d'illustrer votre ouvrage avec des images obtenues sur internet. Attention, vous devez avant tout vous assurer que vous pouvez utiliser et publier cette image dans votre livre sans enfreindre le droit de copie (le copyright). Donc, si vous convoitez une belle image, vous devez d'abord faire des recherches afin de savoir à qui elle appartient et si le propriétaire accepte qu'elle soit publiée et à quel prix !

Pour chercher l'origine d'une image, vous pouvez utiliser le moteur de recherche d'images de Google. Enregistrez l'image sur votre disque dur et ouvrez l'explorateur disque jusqu'à cette image. Puis, allez sur Google image,[21] puis, cliquez sur l'image dans l'explorateur disque et en tenant le bouton de la souris appuyé, draguez l'image dans Google image, sur le champ de recherche et déposez-là dans *Déposez une image ici*. Google vous donnera la plupart des occurrences de cette image, à vous de chercher sa provenance.

Il existe des banques d'images dites « libres de droits ». Cependant, ce « libre de droit », bien souvent, se paye et assez cher. Par exemple, sur le site « Getty Images »[22], vous devrez dépenser plusieurs centaines d'euros pour avoir le droit d'insérer une image dans votre livre.

---

[21] https://images.google.fr/imghp?hl=fr

[22] http://www.gettyimages.fr

D'autres sites vous offrent des images gratuitement, mais vous ne pouvez pas les utiliser dans un but commercial et comme votre livre poursuit un but commercial (vous allez le vendre), impossible de faire avec de telles images (par exemple, sur le site Photo-libre).[23]

Toutefois, il reste aussi les sites qui, véritablement, vous offrent des images que vous pouvez utiliser même dans un contexte commercial, comme votre livre. Par exemple, sur le site Pixabay.[24]

Certains sites d'images gratuites peuvent aussi vous demander, en échange, de leur donner votre adresse e-mail lors d'une inscription. Vous savez ce que l'on dit : sur internet, quand c'est gratuit, c'est que c'est VOUS le produit.[25]

Ci-dessus une image gratuite et libre de droits, même dans un but commercial, téléchargée de Pixabay. Ses dimensions, au départ, sont

---

[23] http://www.photo-libre.fr

[24] http://pixabay.com/fr

[25] Petit conseil : ayez deux adresses e-mail, l'une pour communiquer avec vos proches et une autre réservée à ce genre « d'inscription » qui ouvrira la voie, très probablement, à du spam…

de 1280 × 1177 pixels, en couleur, avec une résolution de 72 pixels par pouce.

Après traitement dans Gimp (voir le point 4 concernant le graphisme produit par un APN), l'image a gardé ses dimensions, mais elle a été passée en niveaux de gris, avec une résolution de 300 pixels par pouce. Elle est affichée dans ce présent livre avec une taille à 80% pour sa largeur.

Une dernière précision. Après avoir soumis votre livre dans CreateSpace, le système de correction automatique, le « réviseur d'intérieur »,[26] peut vous indiquer qu'il y a des erreurs concernant la résolution de certaines images. Le message peut être traduit ainsi : « Votre fichier contient des images de moins de 200 DPI, qui peuvent paraître floues et pixélisées sur le tirage papier. Pour une impression optimale, nous vous recommandons une résolution d'au moins 300 DPI pour toutes les images. »

Normalement, un tel message ne devrait pas apparaître si vous avez bien suivi toutes les recommandations. Cependant, suivant que vous utilisiez OpenOffice ou Word et suivant la méthode que vous adopterez pour réaliser le fichier PDF, le résultat, avec les images, peut varier. Dans ce cas, je vous conseille, dans le réviseur d'intérieur de CreateSpace, de zoomer sur la page qui contient l'image incriminée et de vérifier par vous-même si sa qualité, visibilité, sont correctes. Si c'est le cas, vous pouvez ne pas tenir compte de l'avertissement du réviseur pour cette image.

La relecture-correction-mise en page de votre livre

Voilà, votre livre est pratiquement réalisé, il ne vous reste plus qu'à le relire attentivement, encore une fois, pour corriger d'éventuelles erreurs résiduelles et parachever la mise en page.

Reprenons cette mise en page. Page 1 c'est la page du titre. Au verso, le copyright.[27] Les deux pages suivantes, vous pouvez avoir éventuellement la dédicace avec une page blanche au verso. Page suivante, c'est la table des matières, avec une page blanche au verso.

---

[26] *Interior Reviewer*, en anglais.

[27] Vous pouvez aussi faire le choix de laisser le verso en page blanche. Dans ce cas, faites *Insertion/Saut manuel/Saut de* page (OpenOffice) ou *Insertion/Saut/Saut de page* (Word).

Si votre table des matières comporte plusieurs pages et que la dernière est une page impaire (page de droite), assurez-vous que cette page soit suivie d'une page blanche au verso. Puis, éventuellement, une page de remerciements, avec toujours une page blanche au verso.

Ensuite, le premier chapitre, comme tous les chapitres, doit commencer sur une page impaire (page de droite). C'est le formatage le plus important qu'il vous reste à faire. Lorsqu'un chapitre commence sur une page paire (page de gauche), allez sur la page qui précède, positionnez le curseur de la souris en fin de texte et insérez un « saut de page », ce qui créera une page blanche paire, au verso de la fin du chapitre précédent et placera ainsi la première page du chapitre suivant sur une page impaire (en fait à la fin, lorsque vous allez mettre à jour la table des matières, vous devez n'avoir que des numéros impairs pour la pagination).

Notez que les pages blanches ainsi créées comportent un en-tête et un numéro de page, ce qui n'est pas correct. Elles doivent être entièrement vierges. Pour rectifier cela, utilisez la fonction graphique du traitement de texte et insérez une forme graphique de type « Rectangle », que vous positionnerez sur l'en-tête et dont vous ajusterez la taille afin que l'en-tête soit entièrement caché. Bien entendu, vous allez paramétrer cette forme rectangulaire pour qu'elle soit de couleur blanche et qu'elle n'ait pas de cadre, de sorte qu'elle-même devienne invisible dans la page. Faites la même chose en bas de page pour cacher le numéro de page. Prenez garde de ne pas faire déborder ces formes dans les marges du haut ou du bas. Elles doivent juste cacher le texte de l'en-tête ou du bas de page (avec Word, pour ajuster finement la position de ces formes, déplacez-les avec la souris en appuyant en même temps sur la touche *Alt* du clavier – OpenOffice ne pose pas ce problème).

Une fois cette opération réalisée, en fin d'ouvrage, le « À propos de l'auteur doit être sur une page impaire (page de droite) et comporter (ou pas) une page blanche au verso.

Pour finir, ajustez le zoom de votre traitement texte de façon à afficher deux pages à l'écran en même temps. Vérifiez une dernière fois la mise en page. Attention : à la différence du livre physique, à l'écran, vous aurez la page impaire à gauche (le recto à gauche et le verso à droite). Vérifiez que tous les chapitres débutent sur la page impaire à gauche. Puis, dernière opération, rendez-vous sur la table des matières et faites un clic droit de la souris sur cette table, afin de la mettre à jour. Vérifiez alors une dernière fois, dans la table des matières, que toutes les pages des chapitres sont impaires. Votre fichier OpenOffice « Mon premier livre.odt » ou Word « Mon premier livre.doc » est fin prêt, il ne vous reste plus qu'à le transformer en fichier PDF avant de pouvoir le livrer à CreateSpace.

Mais avant cela, peut-être trouverez-vous une utilité à suivre la check-list de CreateSpace afin de contrôler une dernière fois votre livre. La voici :

• Nombre de pages minimum 24 ; nombre de pages maximum 400, 570 ou 740 selon le format du livre choisit (en tout cas 740 pages maximum si vous avez opté pour le format 6 × 9 pouces, soit 15,24 × 22,86 cm).

• Le titre du livre et le nom de l'auteur doivent être identiques entre ce qui est indiqué sur la couverture et dans le livre (et bien sûr identiques à ce que vous indiquerez dans CreateSpace).

• Le contenu du livre doit être soumis sous la forme d'un seul fichier (PDF, nous verrons cela un peu plus loin), comportant une seule page du livre par page du fichier (cela veut dire que vous ne pouvez pas faire un livre du genre : une page orientée paysage contenant les pages 1 et 2, 3 et 4 et ainsi de suite ; quelle idée !). Ensuite, retenez bien que la première page est une page impaire (page 1) et qu'il en découle que les premières pages des chapitres doivent, normalement, être des pages impaires.

• Le système CreateSpace n'accepte pas d'imprimer des éléments de texte ou d'image qui déborderaient dans les marges du livre.

• CreateSpace n'accepte pas plus de deux pages blanches consécutives dans le livre.

• Les textes produits par scannage, donc de basse résolution, de couleur claire ou avec des marques de scannage (genre ombre dans les pages, traces de la texture du papier), ne sont pas acceptés (mais vous n'êtes pas concerné, car votre texte a été laborieusement tapé par vous-même, n'est-ce pas ?).

• Les polices de caractère et les images doivent être intégrées dans le fichier PDF au moment de la soumission (voir plus loin).

• L'orientation des pages dans le livre doit être identique à l'orientation de la couverture du livre. CreateSpace n'est pas en capacité de réaliser des livres avec une partie des pages à l'envers (vous savez, par exemple, le livre avec une version en français dans un sens et une version traduite dans l'autre sens, en retournant le livre, hé bien, ce n'est pas possible !).

• Les en-têtes doivent être correctement placés et cohérents tout du long du livre (le livre ouvert, le nom de l'auteur doit être mentionné sur l'en-tête de gauche – page paire – et le titre du livre sur l'en-tête de droite – page impaire).

• Toutes les images incluses dans le livre doivent avoir une résolution d'au moins 300 DPI (ppp, pixels-points par pouce).

• Ne pas utiliser des effets de transparence dans les graphismes (le résultat à l'impression serait horrible !).

La fabrication du fichier PDF

CreateSpace accepte de multiples formats de fichiers : .txt (texte), .doc (Word), .docx (Word 2007), .rtf (Wordpad) et PDF (Acrobat Reader). Le format .odt d'OpenOffice n'apparaît pas, donc il vous faudra convertir votre livre en l'un des formats reconnus. Cependant, vous allez voir que cette apparente profusion se réduit rapidement devant les réalités techniques et de la publication.

Déjà, on peut éliminer les formats .txt et .rtf qui sont bien trop primitifs et ne permettent pas le formatage de caractères, de paragraphes, l'insertion d'images, les en-têtes, etc.[28] Reste les formats de Word : .doc et .docx. En théorie, ces formats offrent toutes les possibilités de créer un livre de qualité professionnelle. Et c'est d'ailleurs avec Word (ou OpenOffice) que vous avez composé votre ouvrage. Et puis, travaillant à partir d'un fichier modèle, ce fichier est soit au format Word, soit au format OpenOffice (qu'il vous faudra à la fin convertir en Word).

Vous devez savoir que CreateSpace, de toute façon, quoi que vous lui soumettiez, convertira le document final au format PDF, car c'est ce format qui est transmis à l'imprimeur. Les imprimeurs, de nos jours, travaillent à partir d'un fichier PDF, spécialement formaté pour l'impression, fichier qui a l'avantage d'être stable, non modifiable.[29]

---

[28] Le format .rtf offre bien quelques maigres possibilités de formatage, mais cela reste insuffisant pour obtenir un résultat professionnel.

[29] Non modifiable, normalement, durant la lecture, avec un simple lecteur de fichier PDF. Mais il existe tout de même des logiciels qui permettent de

Or, il y a un petit problème... Le programme en ligne, de CreateSpace, qui convertit votre livre du format Word (.doc ou .docx) en PDF, peut ne pas respecter exactement votre mise en page, notamment si vous avez inséré des images, des tableaux ou autres complications.

La conclusion qui s'impose donc est qu'il est préférable de fournir à CreateSpace directement un fichier PDF que vous aurez vous-même réalisé (c'est d'ailleurs ce que suggère le site de CreateSpace lui-même). De cette façon, le système CreateSpace ne fera que reprendre la structure et le contenu de votre fichier, sans aucune modification. La question qui suit étant : comment faire un fichier PDF à partir de votre livre au format OpenOffice (.odt) ou Word (.doc ou .docx) ?

La réponse à cette question, avec OpenOffice est très simple : OpenOffice a la capacité de convertir un fichier .odt en PDF. Voici comment faire : vous faites *Fichier/Exporter comme PDF...*, puis, dans la fenêtre qui s'ouvre, dans l'onglet *Général,* pour *Plage* vous sélectionnez *Tout,* pour *Images,* vous sélectionnez *Compression sans perte* et pour *Général,* vous sélectionnez *PDF/A-1a.* Ne vous préoccupez pas des autres onglets qui ne nous concernent pas. Cliquez sur le bouton *Exporter.* Ce n'est pas plus compliqué que cela ! Éventuellement, si vous avez inséré des graphiques avec des transparences, vous pourriez avoir un message final qui vous informe que ces transparences ont été supprimées. Cliquez sur le bouton *OK,* c'est tout. Vérifiez que votre document PDF est bien conforme à ce que vous attendiez.

À présent, avec Word. Si vous avez la version 2007 ou ultérieure de Word, pas de problème particulier, vous devez pouvoir enregistrer votre fichier .doc ou .docx au format PDF. Pour cela, faire *Fichier/Enregistrer sous*, puis, cliquez sur la liste *Type* et sélectionnez le format *PDF.*[30] Dans la fenêtre qui s'ouvre, pour *Étendue des pages,* sélectionnez *Tous,* pour *Contenu à publier,* sélectionnez *Document,* pour *Inclure les informations non imprimables,* vous pouvez tout décocher, pour *Options PDF,* cochez *Compatible ISO 19005-1 (PDF/A)* et décochez le reste. Cliquez sur le bouton *OK.* Voilà, c'est fait.

---

modifier les fichiers PDF (par exemple : PDFViewer).

[30] Si votre Word 2007 ou plus ne possède pas ce format, vous devrez l'installer gratuitement à partir de cette page de chez Microsoft (http://www.microsoft.com/fr-fr/download/details.aspx?id=7).

Si vous possédez une version de Word antérieure à 2007 (genre Word 2002, 2003…), là les choses vont se compliquer, car vous devrez faire appel à un logiciel de conversion tiers (indépendant du traitement de texte). Cela est compliqué car, soit vous allez sagement opter pour un logiciel gratuit (avec tous les risques d'installer des virus et autres malwares publicitaires pour ce genre de logiciels « gratuits »), soit il vous faudra débourser une fortune (de nos jours c'est un abonnement mensuel) pour un logiciel professionnel (genre « Adobe Writer ou Adobe Reader Pro XI »).[31]

De plus, avec les logiciels gratuits (genre « PDFCreator »), vous risquez aussi de vous confronter à des problèmes d'ergonomie et avoir toutes les peines du monde à trouver comment paramétrer un PDF de haute qualité, comment obtenir un document, non pas au format A4 (21 × 29,7 cm), mais 6 × 9 pouces (15,24 × 22,86 cm) ? Une autre solution serait la conversion en ligne ! Vous trouvez un tas de sites internet généreux qui sont tous prêts à récupérer votre adresse e-mail et à savoir le genre de livres que vous écrivez, allez-y ! Ils sont si sympas et c'est gratos !

En conclusion, si vous avez un vieux Word et que vous ne comptez pas investir dans un nouveau « Pack Office » de chez « Microsoft »,[32] soit vous tentez d'envoyer votre fichier .doc à CreateSpace (si ce fichier est simple, sans images, sans tableaux, il est possible que votre mise en page soit respectée, à vérifier !), soit vous optez pour OpenOffice, qui est gratuit et qui vous mitonnera du PDF de qualité tout aussi gratuitement et en toute simplicité.

Retenez que pour pouvoir passer avec assurance sous les fourches caudines de CreateSpace, votre PDF doit être de « haute qualité » (type *PDF/A*… ou *Qualité supérieure* ou *High quality* ou quelque chose comme ça. Que pour les images intégrées vous devez paramétrer le JPEG à *100%* ou *Haute qualité* ou l'équivalent. Enfin, que vous devez

---

[31] Nous vous recommandons plutôt le logiciel « Nitro Pro 10 » (https://www.gonitro.com), dont le prix est bien plus raisonnable que celui d'Adobe.

[32] Et je vous comprendrais, vu l'ergonomie catastrophique du Pack Office 2007 et suivant…

pouvoir obtenir un document PDF au format 6 × 9 pouces (15,24 × 22,86 cm).[33]

Au final, nous voici parvenus à l'étape cruciale : vous avec écrit un livre, vous l'avez parfaitement mis en page, vous l'avez minutieusement corrigé et vous l'avez brillamment converti en un fichier PDF de haute qualité. Vous êtes à présent prêt pour le grand saut : diffuser votre livre dans le monde entier ! Comment faire un livre avec CreateSpace et comment le vendre dans le monde entier avec Amazon ?

---

[33] Cependant, si vous envoyez à CreateSpace un PDF au format A4 (car vous n'avez pas pu faire autrement), mais fabriqué à partir d'un document Word de 6 × 9 pouces, le système CreateSpace retaillera automatiquement votre PDF, mais vous demandera de vérifier la chose, ce qu'il vous faudra faire.

OUVRIR UN COMPTE CREATESPACE

Première opération : ouvrir un compte chez CreateSpace. Attention, il est important d'ouvrir un compte sous votre véritable identité car, au final, CreateSpace va vous envoyer tous les mois de l'argent, sur votre compte en banque, vos « royalties », donc il faut bien que vous vous inscriviez en tant que personne réelle. Par contre, vous verrez que vous pouvez librement mettre tous les pseudonymes que vous voulez comme auteur de votre (vos) livre(s). Ne confondez pas l'identité du titulaire du compte CreateSpace et l'identité de l'auteur du livre. Elles peuvent être différentes. Pour ouvrir un compte chez CreateSpace, dans votre navigateur internet préféré, rendez-vous à l'adresse suivante (que je vous conseille de mettre en favori) :

https://www.createspace.com

Le site est en anglais, je vous avais averti. Si vous ne maîtrisez pas cette langue, pas de problème, je vais vous guider pas à pas, ce sera très facile, vous verrez.

Cliquez sur le bouton bleu [Sign up]. Dans la nouvelle page qui s'affiche, vous allez entrer quelques informations vous concernant (je le répète, pas de pseudonyme à ce stade, vous devez entrer des informations réelles). Allons-y, champ par champ :

• **Email Address (This will be used as your Login ID).** Vous devez entrer ici une adresse e-mail valide, la vôtre, elle servira d'identifiant pour vous connecter ultérieurement à votre compte CreateSpace.

Create a New Account

* **Email Address**

This will be used as your Login ID.

* **Password**

* **Re-Enter**

Let's make sure you typed that right.

* **First Name**

* **Last Name**

* **Country**

Please Choose One ▾

* **What type of media are you considering publishing?**

Please Choose One ▾

Send me Updates and Promotions ✔

We won't sell your contact information. Privacy Policy

Create My Account

- **Password.** Entrez un mot de passe (notez-le bien et ne le perdez pas !).
- **Re-Enter (Let's make sure you typed that right).** Saisissez à nouveau le mot de passe et sans faire d'erreur ![34]
- **First Name.** Tapez votre prénom.
- **Last Name.** Tapez votre nom.
- **Country.** Sélectionnez votre pays dans la liste (par exemple, « France »).
- **What type of media are you considering publishing?** Sélectionnez dans la liste le type de « média » que vous comptez publier. Comme il s'agit d'un (de) livre(s), sélectionnez « Book ».[35]

---

[34] Le truc est de taper votre mot de passe quelque part, dans un fichier texte, par exemple, et ensuite, au lieu de le retaper, faire un copier-coller.

[35] CreateSpace permet de publier : des livres (Book), de la musique en CD audio (Audio) ou des films en DVD (Video). Si vous comptez publier

- **Send me Updates and Promotions (We won't sell your contact information. Privacy Policy).** Il s'agit ici de savoir si vous souhaitez, ou pas, que CreateSpace vous informe par e-mail de mises à jour et de promotions. En fait, vous pouvez laisser la case cochée car, à mon expérience, CreateSpace, comme c'est indiqué, « ne vendra pas vos informations de contact » et vous ne recevrez que rarement un e-mail de mises à jour et de promotions. Donc aucun risque de spam.

- Il ne vous reste plus qu'à cliquer sur le bouton en bas : **[Create My Account]** (Créer mon compte).

Peut-être êtes-vous curieux de savoir ce qui est écrit sur la partie droite de l'écran ? En voici la traduction :

« Vous êtes à tout près de pouvoir publier en toute indépendance **votre œuvre, de la façon dont vous le souhaitez**. À partir de votre inscription GRATUITE à CreateSpace, vous allez pouvoir :

– Accéder GRATUITEMENT à des outils en ligne pour vous aider à publier le plus rapidement et le plus facilement possible.
– Accéder à un vérificateur électronique gratuit, afin de visualiser en ligne la couverture et le contenu de votre livre, à tout moment.
– Accéder à une large distribution de votre livre aux États-Unis et en Europe.
– Accéder à des outils pour vous aider à créer un ebook Kindle sans frais additionnel.[36]
– Des taux de royalties à la pointe de l'industrie.[37]

---

plusieurs types, sélectionnez « A combination of media ». Si vous ne savez pas encore (ce qui m'étonnerait), vous sélectionnez « I'm not sure yet » (« Je ne suis pas encore certain »). Quoi qu'il en soit, ce n'est là qu'une petite enquête d'intention de la part de CreateSpace et, quelle que soit votre réponse, vous pourrez publier ultérieurement tout ce que vous voudrez.

[36] Comme expliqué plus haut, vous ne devriez pas être intéressé par cette option du ebook, à cause des trop importants risques de piratage liés à ce support. Quoi qu'il en soit, CreateSpace vous propose le ebook, il ne vous l'impose pas (comme le font certains éditeurs en ligne, voir « grands » éditeurs dans leur inconscience par ignorance…).

[37] Il est vrai qu'à côté des minuscules pourcentages que proposent les éditeurs « classiques », les « royalties » de CreateSpace (que vous établissez

– Un support de classe « mondiale » pour les membres (de CreateSpace) 24 heures sur 24 et 7 jours sur 7.[38]

– Et bien davantage encore… ».

Voilà, convaincu ? Alors vous pouvez cliquer sur le bouton final et créer votre compte. Mais vous vous demandez sûrement : où est l'arnaque ? Comment cela peut-il être gratuit ? Et pourquoi est-ce gratuit ? En gros, vous voulez savoir quel est le « modèle économique » de CreateSpace d'Amazon (car Amazon est derrière tout cela, bien entendu). C'est très simple, vous allez voir.

Pour vous tout est gratuit (sauf le dur labeur de l'écriture d'un livre, bien entendu). Cependant, nous verrons plus loin que CreateSpace impose un prix de vente minimum pour votre livre (disons 5 dollars US pour un livre d'une centaine de pages), c'est le prix de vente qui intègre à la fois le coût de fabrication PLUS le bénéfice pour le système CreateSpace/Amazon. Ensuite, vous augmentez vous-mêmes ce prix de base pour avoir des « royalties ». Donc, vous voyez que pour Amazon, au final, ce n'est que du bénéfice et aucun risque, puisque les livres ne sont fabriqués qu'à la demande, il n'y a aucun stock, donc aucun investissement financier, ni pour Amazon, ni pour vous, donc aucun risque en cas de mévente.

Bien sûr, il y a bien un investissement financier de départ pour Amazon (le rachat de la société CreateSpace en 2005)[39] et la maintenance du système avec ses salariés. Mais tout cela fait partie d'une stratégie globale d'Amazon. Le but du business étant de vendre à petit prix, mais en grande quantité. Si Amazon attire ainsi (rêvons) un million d'auteurs[40] comme vous, qui vendent chacun ne serait-ce

---

vous-mêmes, d'ailleurs), sont très intéressants.

[38] Effectivement, le support de l'équipe CreateSpace est excellent, réactif, de qualité, même par e-mail, mais malheureusement en anglais, uniquement en anglais !

[39] Pour développer son système d'autopublication, Amazon a fait l'acquisition en 2005 de : *BookSurge* (une entreprise d'impression à la demande), de *Mobipocket.com* (une entreprise de logiciels pour ebook), de *CreateSpace.com* (anciennement *CustomFlix*, un distributeur de DVD à la demande qui, depuis, a étendu son activité aux livres, aux CD audio et aux DVD à la demande).

[40] Bon, je doute fort qu'Amazon en soit là aujourd'hui, mais demain…

que 10 livres par mois avec, disons un petit dollar de bénéfice par livre, cela fait 10 millions de dollars. C'est comme cela que l'on voit les choses dans le genre d'entreprises dynamiques comme Amazon ou Google : de tout petits bénéfices avec un gros levier multiplicateur et tout le monde y trouve son compte ![41]

Car, en tant qu'auteur, dont aucun éditeur classique ne voudrait, si vous avez un minimum de talent, vous pourrez, peut-être, avoir la satisfaction de vendre un peu, au fil du temps. Libre à vous de vous améliorer et de renouveler l'expérience, autant de fois que vous le voulez. Car, si vous en avez les moyens, ne vous arrêtez pas à un seul livre, creusez-vous la tête et vendez-en plusieurs. Vous aussi, jouez sur le « grand » nombre (plus une épicerie est achalandée et plus elle vendra, c'est évident).

Comment allez-vous être payé ?

Que voilà une bonne question ! En premier lieu, connectez-vous à votre compte, à l'adresse : https://www.createspace.com.

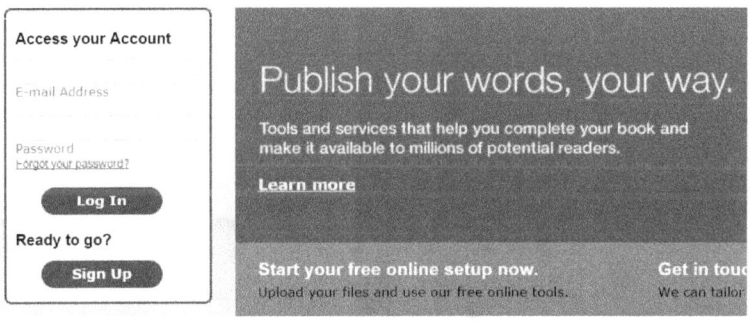

Dans formulaire « Access your account » (Accéder à votre compte), entrez votre adresse e-mail d'inscription et au-dessous, le mot de passe que vous avez créé (et bien conservé en lieu sûr !).

---

[41] N'oublions pas non plus qu'Amazon ne fait pas que vendre directement sur ses sites Amazon, mais qu'il est entouré d'une armée de revendeurs indépendants, qui prennent des options sur ses produits, notamment les livres (votre livre !) et qui font de la vente/revente, de produits neufs ou d'occasion, à tous les prix que l'on veut.

Cliquez sur le bouton [Log In], ce qui vous amène sur le « Member Dashboard »[42] (le tableau de bord du membre). Dont voici un fac-similé au nom de Paul Dupont (ce n'est pas vous ?).

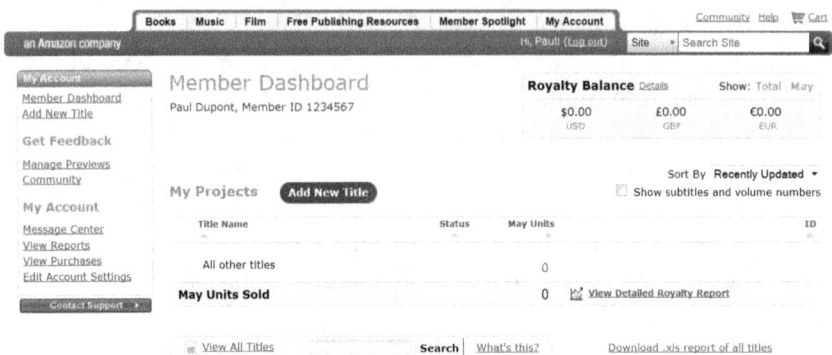

Sur ce Member Dashboard, qui est la plaque tournante de votre compte CreateSpace, menu de gauche, vous cliquez sur le dernier lien en bas [Editing Account Settings] (éditer les paramètres du compte), ce qui vous donne ceci.

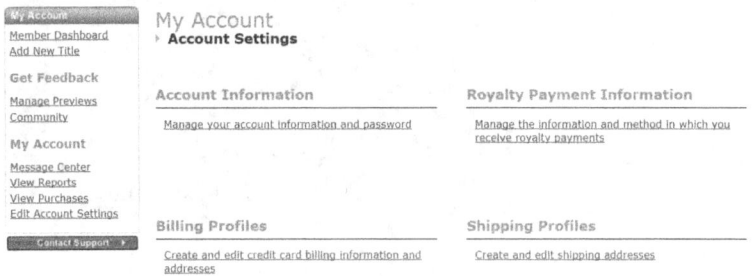

Quatre paramétrages sont accessibles à partir de cette page :

1) Account Information : les informations sur le compte et gestion du mot de passe.

---

[42] Nous conviendrons, dans cet ouvrage, de conserver certaines appellations des éléments du site CreateSpace en anglais, « Member Dashboard » en est un exemple, ceci afin de ne pas alourdir le texte par les doubles versions anglaise et française. Apprendre quelques mots d'anglais ne vous fera pas de mal, n'est-ce pas ? Surtout pour naviguer sur un site en anglais !

2) Royalty Payment Information : la gestion des informations et de la méthode de paiement des royalties.

3) Billing Profiles : créer et éditer les informations de carte bancaire et d'adresses.

4) Shipping Profiles : créer et éditer des adresses d'expédition.

Account Information

Voyons en détail chacun de ces réglages, en commençant par les informations sur le compte et gestion du mot de passe. **Nota** : tous les champs avec un astérisque rouge (*) doivent être remplis.

- **Email Address :** ici vous retrouvez votre adresse e-mail d'inscription (vous pouvez la changer).
- **Current Password :** le mot de passe que vous avez défini, donc actuel.
- **New Password (Re-enter) :** utilisez ces deux champs pour changer le mot de passe (le mot de passe doit être identique dans les deux champs, évidemment).
- **First Name :** votre prénom.
- **Last Name :** votre nom (patronyme).
- **Country :** « France », si c'est le cas.
- **Phone Number :** laisser vide (sauf si vous voulez qu'un Américain vous appelle !).
- **Country Code :** pour la France c'est « 33 », mais laissez tomber, puisque vous ne donnez aucun numéro de téléphone pour vous appeler.
- **Company :** laissez vide, vous n'êtes pas une entreprise.
- **Title :** vide, car sans objet.
- **Member Category :** accessoirement vous pouvez sélectionner « Home/Personal Use » (Usage personnel/privé/chez soi).
- **Address Line 1 (et 2) :** ici vous pouvez entrer votre adresse postale, mais nous verrons que ce n'est guère utile.
- **City :** indiquez la ville où vous habitez (on vous le demande « * »).
- **State :** laissez tomber, cela ne concerne que les USA (c'est un champ obligatoire et facultatif !).
- **Province / Region :** idem, en France cela ne se mentionne pas.

- **Zip / Postal Code :** entrez votre code postal.
- **Website :** vous pouvez laisser ce champ vide.
- **E-mail preferences :** pour indiquer si vous voulez que CreateSpace vous envoi des e-mails pour des mises à jour, des promotions (case 1), les mises à jour de vos livres (case 2). Vous pouvez tout cocher, car comme je l'ai dit plus haut, à l'expérience, vous n'allez pas être submergé d'e-mails. La case 2 est nécessaire si vous voulez être informé de ce qu'il se passe durant vos transactions avec CreateSpace (par exemple, recevoir un message lorsque votre livre est prêt à être diffusé, s'il pose un problème, s'il est temps de le valider, etc.).

Enfin, après vérification, cliquez sur le bouton [Save] (enregistrer). Le bouton [Discard Changes] signifiant, quant à lui : annuler les modifications. Et, vous voici de retour sur la page des liens vers les paramétrages.

Royalty Payment Information

Voilà une page qui va vous intéresser ! Comment CreateSpace va-t-il vous payer ? Sous « Payee Information » vous retrouvez les informations qui vous identifient et il vaudrait mieux qu'elles soient exactes. Pour compléter le « Payment Information », cliquez sur le bouton [Edit] en haut.

À partir du nouvel affichage, vous pouvez encore changer vos informations d'identité et d'adresse, si nécessaire. Plus bas, dans « Payment Information », vous allez sélectionner le type de paiement. Je vous déconseille absolument le paiement par chèque (« Check ») car : il ne se déclenche qu'à partir de 108 $, £ ou € ; il est soumis à des frais de 8 $, £ ou € prélevés par CreateSpace (sans compter les frais que vous taxera votre propre banque lorsque vous déposerez un chèque en provenance des USA !). Et puis, de nos jours, avec votre site bancaire en ligne, qui va perdre son temps au guichet de sa banque ? Vous ?! Non !

Donc, c'est évident qu'il faut sélectionner « Direct Deposit », ce qui veut dire en bon français : virement bancaire. Vous serez virés de vos gains en royalties tous les mois (en fait, à la fin du mois suivant), dès le premier $, £ ou €, sans aucuns frais, avec la conversion en euros automatique et sans frais. Ces virements sont possibles pour :

les USA, le Royaume-Uni, l'Allemagne, la France (ouf !), l'Espagne, le Portugal, la Belgique et les Pays-Bas.

Plus bas, dans « Bank Account Country », vous allez sélectionner « European Union », puis au-dessous, muni de votre relevé d'identité bancaire (RIB), vous allez, très soigneusement, saisir le code IBAN de votre compte bancaire (soit 27 lettres et chiffres sans espace ni tiret). Puis le SWIFT Code (le code qui identifie votre établissement bancaire, soit 11 lettres et chiffres) et enfin le nom du titulaire de ce compte bancaire, c'est-à-dire vous-mêmes (j'espère !), comme c'est marqué sur votre RIB : NOM PRÉNOM (dans cet ordre et en majuscules). Vous pouvez déjà enregistrer tout ça (cliquez sur le bouton [Save] tout en bas (nous verrons plus loin la question, assez compliquée, des « Tax & Business Information »).

Billing Profiles

Ici, explications… Non, rassurez-vous, il n'y a pas de coût caché à la fabrication de votre livre et tout est vraiment gratuit… Question conception, mais pas pour l'achat du produit final, le livre en papier, bien entendu. Donc, ces « Billing Profiles » (et ci-après, les « Shipping Profiles »), ne vont servir que si vous avez l'intention d'acheter à CreateSpace des versions d'épreuve ou finales de votre livre. Et là, figurez-vous, je suis obligé de vous en dissuader… car vous habitez en Europe, en France (je crois) et non aux USA.

N'achetez pas votre épreuve, c'est-à-dire le livre prêt, mais pas encore approuvé. Pour deux raisons : 1) le « Digital Proofer » qui va vous permettre de vérifier la mise en page de votre livre et la gueule qu'il aura une fois imprimé, est suffisamment performant pour vous passer de cet achat. De plus, vous pouvez aussi télécharger la version d'épreuve de votre livre au format PDF, ce qui vous permet de le corriger sur écran et même de l'imprimer chez vous, si vous avez du papier à gaspiller. 2) Les frais de port et de manutention sont affreusement onéreux en faisant venir le livre de chez CreateSpace, des États-Unis, sans compter les délais. Au départ, vous verrez le prix du livre est plutôt attractif, un livre de 160 pages peut être à moins de 3 dollars US. Vous allez cliquer sur le bouton [Check Out] plein d'enthousiasme et, dans la page qui s'ouvre ensuite, en bas, vous voyez trois méthodes de « shipping » (de transport) et c'est la douche froide !

Transport standard : 4,88 $. Délai de livraison : 1 mois et demi !
Transport rapide: 7,89 $. Délai de livraison : 1 mois.
Transport prioritaire : 14,38 $! Délai de livraison : 1 semaine.

Donc, si vous ne voulez attendre ni un mois et demi ni un mois, votre livre vous reviendra à plus de 17 dollars ! Sans compter que, comme on vous en informe en bas de page : lorsque le livre arrive dans le pays de destination, des droits de douane, droits d'importation, taxes ou frais de courtage, peuvent encore être perçus. Et ces interventions douanières peuvent même retarder votre livraison si vous habitez hors d'une grande agglomération.

Plus tard, lorsque vous aurez approuvé votre livre, qu'il va être mis en vente, ne vous précipitez pas pour l'acheter à partir de CreateSpace, exactement pour les mêmes raisons exposées ci-dessus.

CreateSpace installe pour vous en ligne une petite « boutique », la CreateSpace eStore. Là encore, inutile de commander ici (ou même de divulguer l'adresse internet à de possibles acheteurs : les frais de port sont pires (6,77, 9,99, 17,77 dollars !) qu'avec l'interface CreateSpace ! Solution ?

Tant que vous n'avez pas approuvé votre livre, contentez-vous des versions électroniques, en ligne avec le Digital Proofer ou chez vous avec le PDF fourni par CreateSpace.[43] Une fois votre livre approuvé par vous, patientez simplement quelques jours (environ 5 jours), pour que votre livre soit en vente sur Amazon.fr et là, achetez-le en tant que client Amazon. Vous bénéficierez du prix Amazon tel que vous l'avez défini, des frais de port à 1 centime d'euro et d'un délai de livraison record de 2-3 jours. Secret ? Votre livre ne sera plus fabriqué aux USA, mais en Angleterre ou en Allemagne, une sacrée différence ! De plus, comme il s'agit d'une vente Amazon, vous toucherez des droits d'auteur sur cet achat. Par exemple, pour un livre de 160 pages à 12,50 €, vous aurez à peu près 5 € de royalties, ce qui vous fait un livre à 7,50 €, moitié moins cher que les 17 $ (15 €) de la commande par CreateSpace. En conclusion, si vous êtes d'accord pour considérer qu'un achat chez CreateSpace n'est pas une bonne affaire, inutile de remplir les petites cases du « Billing Profiles »

---

[43] D'autant que si vous avez des amis volontaires pour vous aider à corriger votre livre, distribuer le PDF est plus facile, rapide (un e-mail suffit) et sans frais, à la différence de l'épreuve papier hors de prix.

(nous verrons dans le chapitre marketing qu'il en est autrement pour de l'achat en grosses quantités sans souci de délai).

Shipping Profiles

Ici, il s'agit de gérer votre (vos) adresse(s) d'expédition. Et là : mêmes causes, mêmes effets. Si vous décidez de ne pas acheter chez CreateSpace, inutile de renseigner des adresses d'expédition. N'est-ce pas ?! (de toute façon, si un jour vous changez d'avis, il sera toujours temps de compléter un « Billing Profile » et un « Shipping Profile »).

Les royalties : comment ça marche ?

Pour commencer à comprendre comment ça marche, prenons l'exemple d'un de nos ouvrages publiés aux Éditions Nègrefont : « Childbot mon amour ».[44] Sur les 13 sites internet d'Amazon,[45] il est distribué sur 9 d'entre eux (voir le tableau ci-dessous).

URL	Pays	Prix	Euros	Délais
amazon.fr	France	11,50 EUR	11,50	2 jours
amazon.de	Allemagne	11,67 EUR	11,67	2 jours
amazon.it	Italie	11,34 EUR	11,34	2 jours
amazon.es	Espagne	9,79 EUR	9,79	2 jours
amazon.co.uk	Royaume-Uni	8,70 GBP	12,16	2 jours
amazon.com	États-Unis	13,60 USD	12,42	5 jours
amazon.ca	Canada	16,64 CAD	12,22	2-4 sem.
amazon.co.jp	Japon	1761 JPY	12,97	3-5 sem.
amazon.in	Inde	599,76 INR	8,59	1-3 sem.

---

[44] De Anna Coreisan (http://www.amazon.fr/dp/1511598204).

[45] Australie, Allemagne, Brésil, Canada, Chine, Espagne, États-Unis, Inde, Italie, Japon, Mexique, Pays-Bas et Royaume-Uni.

Le « Pricing » (prix de vente)[46] du livre a été établi par nous-mêmes (les Éditions Nègrefont), à :

13,60 USD (livre imprimé aux États-Unis)
8,70 GBP (livre imprimé en Grande-Bretagne)
10,60 EUR (livre imprimé en Europe continentale)

Si l'on se résume : on a un même livre qui est vendu, selon le site Amazon, en euros, en livres anglaises, en dollars américains, en dollars canadiens, en yens japonais et en roupies indiennes. Le prix s'étageant (après conversion en euros, taux au printemps 2015) entre 8,59€ et 12,97€. Vous remarquerez aussi de grandes différences dans les délais de livraison : de 2 jours pour les pays européens à 3-5 semaines pour le Japon. Tout en sachant que le prix de vente a été fixé en dollars américains, en livres anglaises et en euros. Que comprendre de toute cette complexité ?

En fait, les trois prix de vente que vous allez fixer pour votre ouvrage (en $, £ et €) ne sont que des approximations. L'Inde, par exemple, bénéficie d'un tarif réduit, lié à la marge réduite d'Amazon, du fait que l'Inde ait un faible niveau de vie et de revenue de ses habitants. Mais, hormis ce cas particulier, les prix affichés sur les différents sites internet d'Amazon ne s'expliquent pas par le niveau de vie des pays concernés qui sont à peu près équivalents. L'explication c'est le lieu de fabrication et, secondairement, le site de vente qui oriente plus ou moins le lieu de fabrication.

Il y a trois lieux de fabrication (impression et reliure des livres) : les États-Unis, la Grande-Bretagne et la Pologne. Quant à savoir quels sont les liens entre le lieu d'achat (tel ou tel site internet) et le lieu de fabrication… Mystère ? Il est même probable qu'Amazon oriente la fabrication des livres vers tel ou tel imprimeur en fonction de la charge de travail des imprimeurs. Sur la base de notre expérience aux Éditions Nègrefont, la grande majorité des ventes se font en livres anglaises (donc cela correspond à des ouvrages fabriqués au Royaume-Uni, secondairement en euros (donc fabriqués en Allemagne) et très rarement en dollars américains (donc fabriqués aux États-Unis).[47] La raison en étant qu'il s'agit d'ouvrages écrit en

---

[46] Nous verrons la question du « Pricing » (prix de vente) plus loin.

français, donc pour des francophones, la plupart des clients étant de France.

Tout cela, pour vous permettre de comprendre la raison pour laquelle vos royalties peuvent être affichées sur votre compte CreateSpace en dollars, en livres et en euros. Cependant, si vous avez opté pour un paiement par virement (recommandé), ce sont des euros et uniquement des euros qui seront virés sur votre compte bancaire (à 60 jours, comme je l'ai indiqué plus haut).

Tax & Business Information

Là, je suis certain que vous allez faire des bons ! Revenez sur la page des « Royalty Payment Information » et regardez au bas de cette page, le cadre vert intitulé : « Tax & Business Information » où l'on vous indique que vous devez compléter un formulaire et l'on vous annonce une taxe de 30% !!! Je vous vois déjà fulminer : quoi ? Amazon qui fait de l'optimisation fiscale pour ne pas payer d'impôts et je devrais payer un impôt de 30% sur mes pauvres petits revenus ?! Je vais peut-être gagner 300 euros dans l'année et l'on va m'en prendre un tiers ? 100 euros ! Et en plus il faudra que je déclare mes revenus en France et encore payer !

D'abord on se calme. Vous allez voir qu'étant Français, écrivant en français, pour vendre des livres essentiellement en France et secondairement à quelques francophones de par le monde, vous avez de la chance. Oui, car en fait, cette fameuse taxe de 30% ne concerne que les revenus en dollars américains (pauvres américains !), donc seulement les quelques rares ouvrages vendus du côté des Amériques et fabriqués aux USA. Une peccadille ! Quant au paiement de cette taxe, pas de problème, il y a un prélèvement à la source, cela signifie que 30% de vos royalties en USD sont prélevés aussitôt, à chaque vente, vous le verrez à l'écran, dans un rapport d'historique des paiements qui indique, uniquement pour les royalties en dollars US, un montant de retenue (« Withholding Amount »). Par exemple, pour $13.08, la retenue à la source est de $3.93. Vous faites le calcul, 3.93 c'est bien à peu près 30% de 13.08. Donc, cela va toucher peu de vos

---

[47] Depuis 2016 et la fabrication des livres en Pologne, nous avons constaté que la majorité des ventes sont désormais en euros.

royalties et vous n'aurez aucun chèque à envoyer à l'Oncle Sam, on s'en sort bien, n'est-ce pas ?!

Par contre, si vous voulez toucher vos misérables dollars américains, vous avez tout intérêt à remplir le formulaire « Tax Information » qui, si vous avez eu des ventes réalisées sur les presses américaines, vous permettra de recevoir en fin d'année fiscale, un document (en anglais !) stipulant que vous avez déjà payé l'impôt aux USA et, du fait des accords entre les fiscs français et américains, vous n'aurez pas à payer encore une fois un impôt sur le revenu en France (vous avez bien compris : seulement pour les dollars US !). Quant à savoir pourquoi, en tant que non-résident américain vous devez vous acquitter d'un impôt aux États-Unis ? La seule réponse est que : c'est la loi américaine, un point c'est tout.[48]

Pour pouvoir remplir ce formulaire, vous devez lire, en anglais, les trois documents suivants : ici,[49] ici[50] et ici.[51] Je plaisante ! J'ai lu ces documents pour vous et c'est pour cela que vous avez acheté ce livre, n'est-ce pas. Alors, n'hésitez plus, cliquez sur le bouton gris [Update Tax Information] (mettre à jour les informations pour payer la taxe).

Sur la première page, en bas, dans le cadre intitulé : « For U.S. Tax purposes, are you a U.S. Person? », sélectionnez « No ». Cliquez sur le bouton jaune [Save and continue].

Pour « Type of beneficial owner », sélectionnez « Individual ».

Pour « Country of citizenship or country of residence for tax purposes », sélectionnez « France ».

Pour « Full name », vérifiez bien vos Prénom et Nom (attention, remplacez toutes les lettres accentuées : si vous vous appelez « Bérénice Bière », écrivez « Berenice Biere »).

Dessous, pour « Are you an agent acting as an intermediary? », cochez « No ».

Encore en dessous, vérifiez votre adresse physique (remplacez les éventuelles lettres accentuées, ne pas mettre de boîte postale ou une adresse « faire suivre à »).

---

[48] Si, en France, nous appliquions la même règle (que tout étranger qui gagne des euros de France, paye l'impôt), peut-être que nos finances iraient un peu mieux…

[49] https://goo.gl/tNSWQl

[50] https://goo.gl/YPPfjA

[51] https://goo.gl/SJ9aqk

Pour « Mailing address - Is your mailing address different from your permanent address? », cochez [Same as permanent address]. Ignorez tout le reste de la page sauf, en tout dernier, pour « Tax identification number (TIN) », cochez l'option « I do not have a U.S. TIN or a foreign (non-U.S.) income tax identification number » et cliquez en bas sur le bouton [Save and continue].

Page suivante, courage, vous voici déjà rendu à la moitié du job ! Ce qui s'affiche à présent est le récapitulatif final. En premier lieu, on vous indique que le taux de taxation est de 30% (on le savait). Vérifiez que votre identification et votre adresse sont correctes. Puis, tout en bas, cliquez sur le bouton [Save and continue].

Étant donné que vous êtes une personne individuelle, non résidente aux USA, c'est le formulaire 1042-S qui vous concerne et qui s'affiche.

Vous avez le choix entre accepter l'envoi électronique du formulaire 1042-S ou son envoi par la poste. Faites dans la simplicité et sélectionnez l'option « I consent to electronic receipt of my information reporting documentation ».

Au-dessous, acceptez pareillement la signature électronique et sélectionnez l'option « I consent to provide my electronic signature ».

Au-dessous, cochez la totalité des 6 cases (elles disent que : 1) vous êtes une personne individuelle (un particulier) ; 2) vous n'êtes pas américain ; 3) votre situation est que vous ne faites pas des affaires directement aux USA (c'est CreateSpace qui vend certains de vos livres pour vous, via Amazon) ; 4) il y a bien un accord fiscal entre la France et les États-Unis ; 5) vous êtes bien une personne étrangère aux USA ; 6) vous acceptez de soumettre un nouveau formulaire, dans les 30 jours, en cas de changements dans votre situation.

Tout en bas de la page, pour « Type your name », entrez votre nom dans le champ. Dans « E-mail address Your Amazon account login », entrez dans le champ l'adresse e-mail qui sert pour vous connecter à CreateSpace (ou Amazon). Pour « Capacity », sélectionnez « Individual ». Il ne vous reste plus qu'à cliquer sur le bouton jaune [Submit].

La page « 100% » s'affiche enfin ! Par magie, le formulaire 1042-S s'est transformé en W-8 de l'IRS (Internal Revenue Service – le fisc américain) et... vous en avez terminé, vous pouvez vous rendre directement en bas de page et cliquer sur le bouton [Exit interview].[52] Alors, vous voyez, ce n'était pas si difficile ![53]

Hé ! Connaissez-vous l'autre bonne nouvelle ? Vous êtes enfin prêt à soumettre votre premier livre à CreateSpace d'Amazon !

---

[52] Éventuellement vous pourriez sauvegarder cette page en l'imprimant ou au format PDF (recommandé).

[53] Cela dit, si vous êtes autre chose qu'un simple particulier, non américain et n'ayant aucune résidence, ni aucune affaire aux USA, je vous recommande de prendre conseil auprès d'une personne qualifiée et connaissant l'anglais.

AJOUTER UN NOUVEAU TITRE

Si l'on se résume : vous venez d'ouvrir un compte chez CreateSpace et vous l'avez paramétré. Vous avez un livre prêt à être publié. Il se présente sous la forme d'un fichier informatique PDF, que nous allons appeler « Mon premier livre.pdf ». Vous allez soumettre ce livre à CreateSpace. À ce propos, n'imaginez pas que CreateSpace aura un quelconque regard critique sur votre œuvre, qu'il fera preuve d'une réflexion littéraire et éditoriale, comme le ferait n'importe quel éditeur. N'oubliez pas que l'éditeur, c'est vous ! Vous êtes à la fois l'auteur et l'éditeur et c'est bien pour cela que l'on parle « d'autoédition » : « auto » c'est vous, « édition » c'est encore vous.

CreateSpace est seulement un fabricant de livres qui, en association avec Amazon, permet de distribuer ces livres un peu partout dans le monde. Un point c'est tout. Donc, vous pouvez « soumettre » à CreateSpace tout ce que vous voulez (ou presque, la morale du net et américaine ne sont jamais très loin) et, entre un texte minable et une grande œuvre, c'est uniquement le public qui décidera. Vous avez donc toutes vos chances. Par contre, si l'on parle de « soumettre » un livre, pour CreateSpace il s'agit simplement de remplir des critères purement techniques, du point de vue de la fabrication d'un livre, indépendamment de son contenu. Normalement, si vous avez bien suivi les étapes de la fabrication du fichier PDF, il ne devrait y avoir aucun problème à ce niveau... technique.

C'est parti ? C'est parti ! Rendez-vous sur CreateSpace et connectez-vous avec les *login* (e-mail) et mot de passe de votre compte personnel. Vous arrivez sur le « Member Dashboard » (Tableau de bord du membre). Cliquez sur le bouton [Add New Title] (Ajouter un nouveau titre).

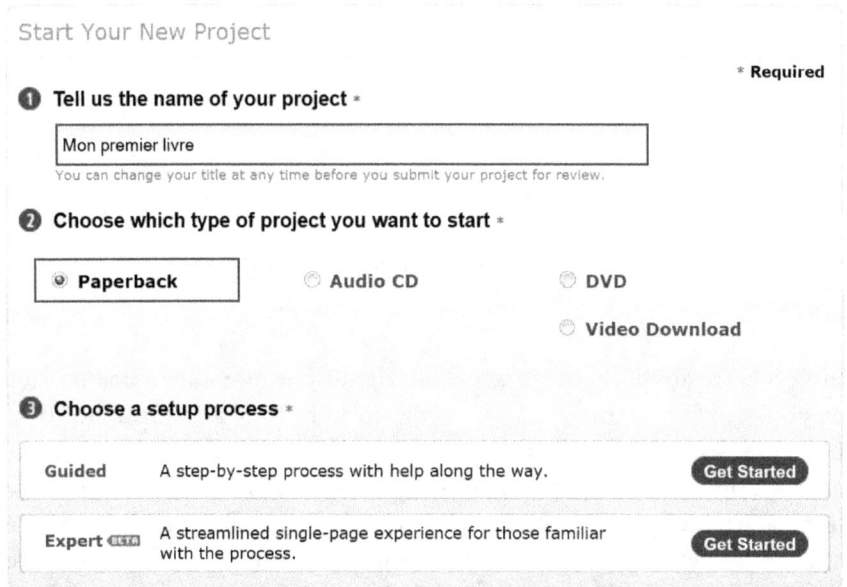

Sur la page qui s'affiche, vous voyez un cadre (voir ci-dessus) intitulé « Start Your New Project » (Commencer votre nouveau projet). En (1), dans le champ « Tell us the name of your project » (dites-nous le nom de votre projet), vous entrez le titre de votre livre (exemple : {Mon premier livre}).

Au-dessous, en (2), « Choose which type of project you want to start » (Choisissez le type de projet que vous voulez démarrer), vous sélectionnez « Paperback » (ce qui veut dire « broché », c'est-à-dire « livre broché », un livre quoi !).

Encore au-dessous, en (3), « Choose a setup process » (Choisissez une procédure de soumission), vous avez le choix entre la procédure « Guided » (c'est-à-dire guidée, avec une aide étape par étape) ou une procédure « Expert » (experte, regroupée en une seule page pour les personnes expérimentées). Comme vous n'êtes pas une personne « expérimentée », vous allez choisir la procédure « Guided » en cliquant sur le premier bouton bleu [Get Started] (Démarrons). Je précise qu'une personne « expérimentée » comme l'auteur de ce livre, suit encore et toujours la « Guided » procédure car, à l'expérience, la procédure « Expert » n'est finalement pas très pratique, ni très claire.

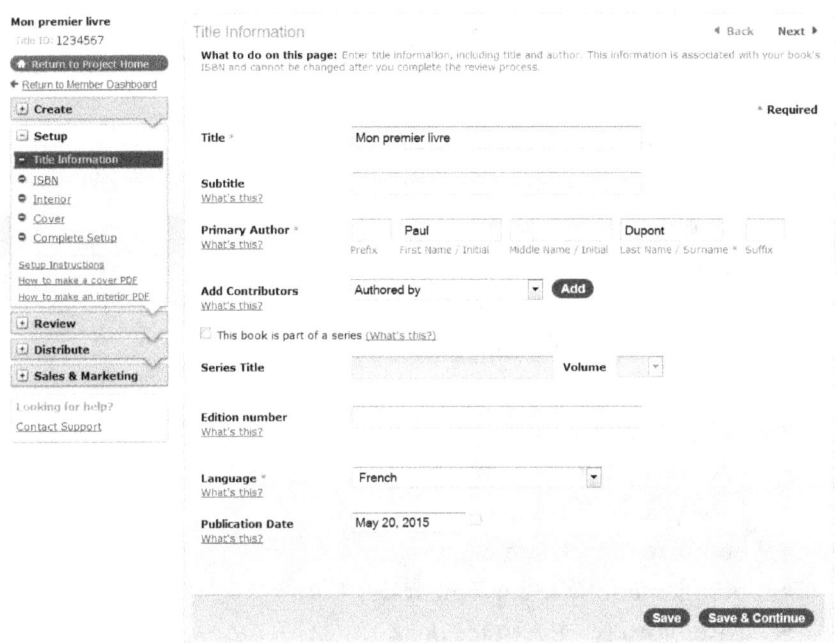

Title Information

Vous arrivez sur la page « Title Information » (Information sur le titre/livre). Le titre de votre livre est repris dans le champ « Title ». À ce propos, si ce titre comporte des lettres accentuées ou typiquement françaises, comme le « C » cédille (ç), vous aurez la surprise de voir de telles lettres remplacées par un symbole bizarre. Cela est dû à l'ethnocentrisme américain : comme en anglais il n'y a pas de tels caractères, le monde entier ne doit pas utiliser de tels caractères ! Au-delà du sarcasme, c'est effectivement un bug du système CreateSpace. Vous corrigez, cela devrait se réparer.

Dans le champ « Subtitle » (Sous-titre), vous entrez un éventuel sous-titre à votre livre.

Dans « Primary Author » (Premier auteur), vous entrez vos prénom (« First Name ») et nom (« Last Name »). Si besoin, vous pouvez ajouter un « Préfix » (Préfixe, exemple, Pr., Dr., etc. si vous êtes professeur, docteur…) ; un second prénom (« Middle Name ») ; ou encore un « Suffix » (voir la page Wikipédia[54] à ce propos).

Si vous êtes plusieurs sur le coup, en cliquant sur le bouton [Add], vous pourrez ajouter d'autres coauteurs ou d'autres contributions, dont voici la traduction ci-dessous :

- Authored by (Rédigé par)
- Authored with (Rédigé avec)
- Screenplay by (Mise en scène par)
- Created by (Créé par)
- From an idea by (D'après une idée de)
- Designed by (Conçu par)
- Illustrated by (Illustré par)
- Photographs by (Photographies de)
- Text by (Texte de)
- Preface by (Préface de)
- Prologue by (Prologue de)
- Summary by (Résumé par)
- Supplement by (Supplément de)
- Afterword by (Post-face de)
- Notes by (Notes/Annotations de)
- Commentaries by (Commenté par)
- Epilogue by (Épilogue de)
- Foreword by (Avant-propos de)
- Introduction by (Introduction de)
- Footnotes by (Notes/Annotations bas de page de)
- Memoir by (Mémoire de)
- Introduction and notes by (Introduction et notes de)
- Book and lyrics by (Livret et paroles de)
- Contributions by (Contributions de)
- Appendix by (Annexe de)
- Index by (Index de)
- Drawings by (Dessins/Illustrations de / Illustré par)
- Cover design or artwork by (Conception de la couverture de)

---

[54] http://fr.wikipedia.org/wiki/Nom_à_suffixe_patronymique

- Preliminary work by (Avant-projet de)
- Original author (Auteur original)
- Maps by (Cartes de)
- Continued by (Suite de)
- Interviewer (Interviewer/Enquête/Entretiens de)
- Interviewee (Interviewé)
- Other primary creator (Autre créateur principal)
- Edited by (Édité par)
- Revised by (Révisé/Corrigé par)
- Retold by (Raconté par)
- Abridged by (Abrégé par)
- Adapted by (Adapté par)
- Translated by (Traduit par/Traduction de)
- As told by (Tel que relaté par)
- Translated with commentary by (Traduit avec les notes de)
- Series edited by (Série éditée par)
- Edited and translated by (Édité et traduit par)
- Editor-in-chief (Éditeur en chef)
- Guest editor (Éditeur invité)
- Volume editor (Éditeur du volume)
- Editorial board member (Membre du conseil de rédaction)
- Editorial coordination by (Coordination éditoriale de)
- Managing editor (Rédacteur en chef)
- Founded by (Fondé par)
- Prepared for publication by (Préparé pour la publication par)
- Associate editor (Éditeur associé)
- Consultant editor (Éditeur consultant)
- General editor (Éditeur général)
- Dramatized by (Dramatisé par)
- Literary editor (Rédacteur littéraire)
- Other adaptation by (Autre adaptation par)
- Compiled by (Compilé par)
- Selected by (Sélectionné par)
- Other compilation by (Autre compilation par)
- Producer (Producteur)

- Director (Directeur)
- Conductor (Chef d'orchestre)
- Other direction by (Autre Direction par)
- Assisted by (Assisté de)
- Other (Autre)

Si le livre fait partie d'une série, cochez la case « This book is part of a series » et, dessous, remplissez les champs « Series Title » (intitulé de la série) et le numéro du titre dans la série.

Au-dessous, vous avez le loisir d'entrer, si nécessaire, un numéro d'édition interne (« Edition Number »).

Sélectionnez ensuite la langue (principale) (« Language ») dans laquelle est écrit le livre (ici ce sera « French » – Français).

Enfin, entrez une date de publication (« Publication Date »), aujourd'hui ? Par exemple ?

Cliquez sur le bouton [Save & Continue], si vous voulez poursuivre ou simplement [Save], si vous voulez reprendre le processus plus tard.

Avant d'aborder la question du numéro ISBN, un petit mot concernant le menu latéral, sur la gauche. Ce menu vous permet d'accéder à toutes étapes du processus de soumission du livre. En cliquant sur les petits « + », vous déroulez le menu et faites apparaître ses différentes sous-options. Les options avec une coche verte à gauche sont réalisées, celles avec un panneau « sens interdit » sont à faire.

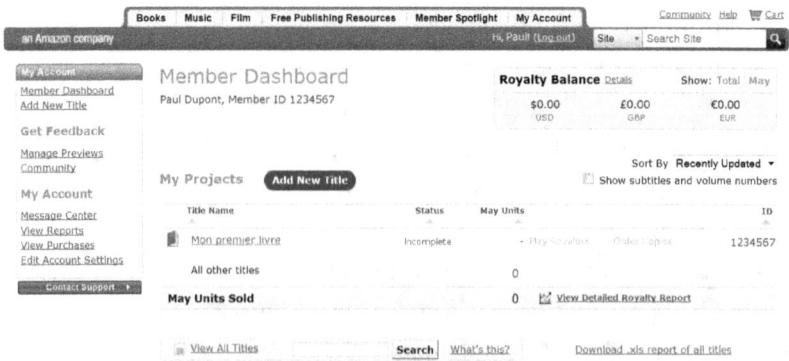

Comme, avant de poursuivre, il serait sans doute bon de vous familiariser avec ce menu, nous allons voir sa version horizontale. Si vous avez cliqué précédemment sur [Save & Continue], cliquez sur [Return to Member Dashboard] (si vous avez cliqué sur [Save] vous y êtes déjà). De retour dans le « Member Dashboard » (illustration ci-dessus), vous voyez à présent une ligne pour « My projects » (Mes projets), concernant votre livre. À tout moment, vous allez pouvoir revenir sur le processus de soumission de ce livre en cliquant sur son titre. Ce qui vous conduit sur une nouvelle page intitulée « Project Homepage » (Page d'accueil du projet), avec son intitulé « Mon premier livre » et son auteur.

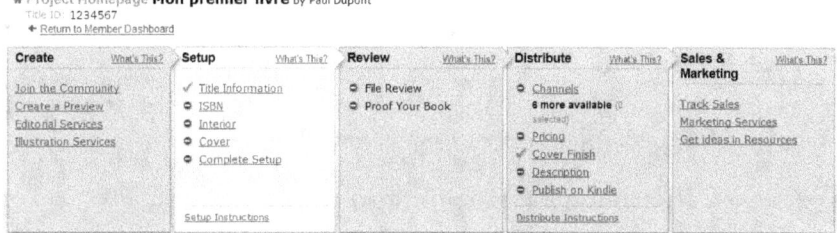

Cette page vous affiche le même menu dont on a parlé précédemment, mais cette fois à l'horizontale et totalement déplié. Voyons en quoi consistent les liens de ce menu.

Cadre : « Create » (Créer)

● « Join the community » (Rejoindre la communauté) : il s'agit d'un genre de forum… en anglais, malheureusement.

● « Create a Preview » (Créer une maquette) : il est possible de créer une maquette de son projet avant sa finalisation (par exemple, soumettre au public ou à des personnes sélectionnées, les premiers chapitres d'un livre, pour avoir des retours).

● « Editorial Services » (Services éditoriaux) : il s'agit des services éditoriaux payants rattachés à CreateSpace (si vous avez de l'argent à dépenser !).

● « Illustration Services » (Services d'illustrations) : idem pour des illustrations, notamment pour réaliser une couverture.

Cadre : « Setup » (Installation)

● « Title Information » (Information sur le titre) : pour gérer le titre de votre livre et son auteur.

• « ISBN » (ISBN) : pour gérer l'International Standard Book Number (ISBN) ou Numéro international normalisé du livre, qui est un numéro international qui identifie chaque édition d'un livre.

• « Interior » (Contenu) : pour gérer l'intérieur, le contenu, de votre livre.

• « Cover » (Couverture) : pour gérer la couverture de votre livre.

• « Complete Setup » (Valider l'installation) : pour valider l'installation de votre livre.

Cadre : « Review (Révision)

• « File Review » (Révision du fichier) : pour réviser et corriger votre fichier livre.

• « Proof Your Book » (Approuver votre livre) : pour approuver votre livre, la dernière opération avant publication.

Cadre « Distribute » (Distribution)

• « Channels » (Canaux de distribution) : pour gérer les canaux de distribution en ligne de votre livre.

• « Pricing » (Tarifs du livre) : pour établir les prix de vente de votre livre.

• « Cover finish » (Couverture achevée) : pour commander un exemplaire de la couverture de votre livre.

• « Description » (Description du livre) : pour rédiger la présentation de votre livre sur Amazon.

• « Publish on Kindle » (Publier sur Kindle) : pour (éventuellement) publier sur Kindle (non !).

Cadre « Sales & Marketing » (Ventes & Marketing)

• « Track Sales » (Suivi des ventes) : pour afficher les rapports de vente de votre livre.

• « Marketing Services » (Services de marketing) : pour accéder à des services payants de marketing.

• « Get ideas in Resources » (Conseils) : pour avoir des idées de marketing… en anglais

Reprise du processus d'installation de votre livre : ISBN

Après ce détour exploratoire concernant l'interface CreateSpace, nous allons reprendre l'inscription de votre premier livre dans

CreateSpace. À partir du menu « Project Homepage », « Title Information » est coché en vert, vous allez cliquer sur le lien suivant [ISBN] (durant cette phase d'installation de votre livre, vous devez suivre l'ordre et la logique du menu et ne pas cliquer n'importe où, car certaines étapes ne sont réalisables que si les précédentes sont complétées).

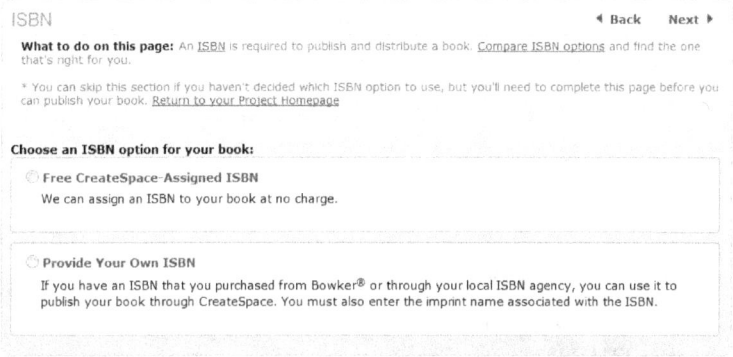

Sur la page intitulée « ISBN », vous allez pouvoir attribuer un numéro ISBN à votre premier livre. Comme expliqué plus haut, l'ISBN, le Numéro international normalisé du livre, qui est un numéro international qui identifie chaque édition d'un livre, est obligatoire. Deux options (« Choose an ISBN option for your book ») se présentent : 1) « Free CreateSpace-Assigned ISBN » (ISBN gratuitement assigné par CreateSpace), c'est donc CreateSpace (Amazon) qui donnera gratuitement un ISBN à votre livre ; « Provide your own ISBN » (Fournir son propre ISBN), là c'est vous qui fournissez l'ISBN. Que choisir ?

Si vous voulez un numéro ISBN personnel, rendez-vous sur le site de l'AFNIL (Agence Francophone pour la Numérotation Internationale du Livre).[55] Là, vous trouverez toutes les informations nécessaires pour bien comprendre l'ISBN et obtenir gratuitement un numéro pour votre premier livre. Cet ISBN vous appartiendra en tant que particulier.

Si vous optez pour la solution de facilité avec un ISBN de CreateSpace, ce numéro appartiendra à CreateSpace, c'est-à-dire à Amazon. Est-ce un problème ? Est-ce que cela va jouer sur vos droits

---

[55] http://www.afnil.org

d'auteur ? La réponse est « non » pour les deux questions. CreateSpace d'Amazon, même s'il vous attribue un ISBN pour votre livre ne détient toujours aucun droit sur votre texte. D'autant que, dans le système CreateSpace, sur envoi d'un simple e-mail, vous pouvez à tout moment retirer votre livre de la publication, libre à vous alors, de le republier ailleurs, sous un autre ISBN, qui vous appartiendrait. Donc, faites comme vous voulez, mais franchement, un « Free CreateSpace-Assigned ISBN » est la solution la plus simple et la plus rapide. Elle est même immédiate.

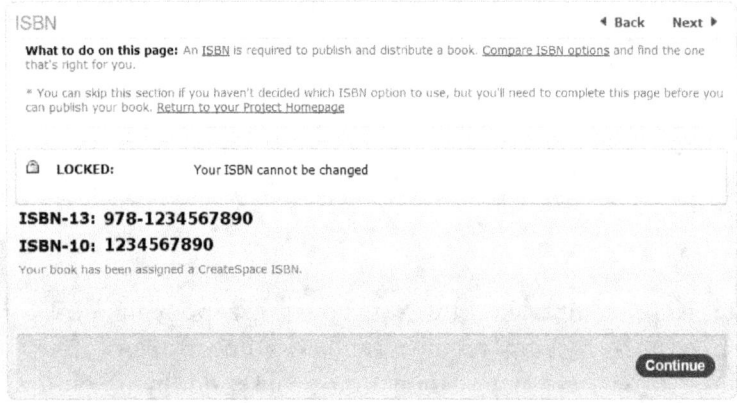

S'affiche alors la page indiquant vos numéros ISBN (10 et 13 caractères). Remarquez qu'une fois attribué, le numéro ISBN est « locked », verrouillé et rattaché à un titre, une édition, un format, des caractéristiques physiques du papier et de la couleur et un éditeur et il ne peut plus être changé. Cliquez à présent sur le bouton [Continue], pour passer à l'étape suivante.

Interior (le contenu)

Sur la nouvelle page qui s'affiche, intitulée « Interior » (intérieur ou contenu), vous allez sélectionner le format et les caractéristiques du papier et de l'encre de votre livre, puis, vous allez envoyer le fichier PDF (« Mon premier livre.pdf ») à CreateSpace. Comme je vous l'ai expliqué plus haut, pour faire simple, choisissez le format (« Trim Size ») très standard (et proposé par défaut) de 6 × 9 pouces (15,24 × 22,86 cm), l'encre (« Interior Type » – par défaut) noir et blanc

(« Black & White » – en fait niveaux de gris) et le papier (« Paper Color » – par défaut) blanc (« White »).

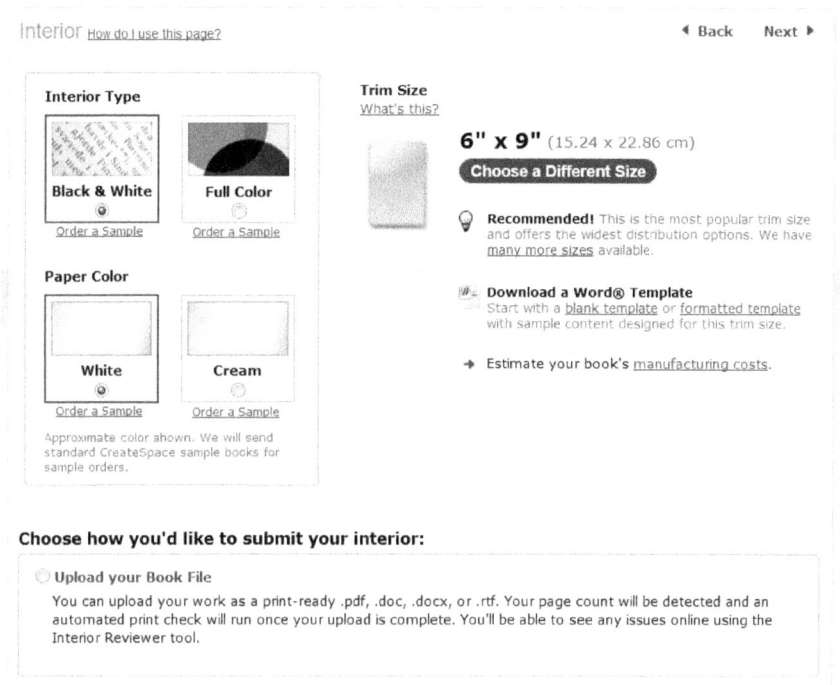

Quant à la question de savoir comment vous allez soumettre votre contenu, votre livre (« Choose how you'd like to submit your interior »)… Comme vous avez opté pour la politique du faire par soi-même en achetant mon petit livre, vous allez économiser au moins 199 dollars, en vous passant des conseils d'un professionnel (sans compter que vous seriez obligé d'apprendre l'anglais américain auparavant !). Vous sélectionnez donc la première option : « Upload your Book File » (Envoyez votre fichier livre – le PDF).

Un cadre se déplie, avec un sélecteur de fichier, qui va vous permettre d'envoyer votre premier livre à CreateSpace. Pour cela, cliquez sur le bouton [Browse] et une fenêtre « Ouvrir » de votre système (Windows, par exemple), va s'ouvrir. Parcourez l'arborescence et les répertoires jusqu'à ce que vous trouviez votre fichier « Mon premier livre.pdf », sélectionnez-le et cliquez sur [Ouvrir].

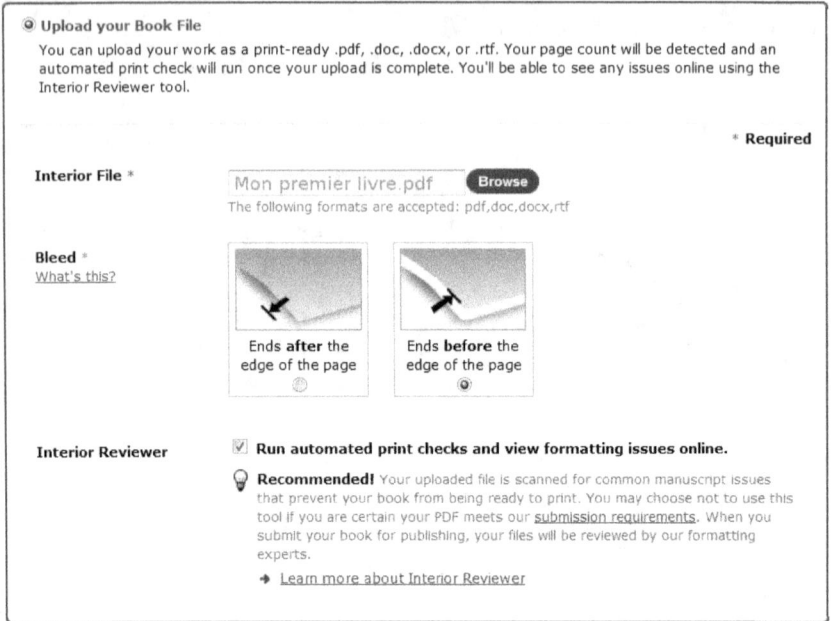

On vous indique (« You can upload your… ») que : vous pouvez envoyer votre ouvrage en tant que fichier prêt-à-imprimer .pdf, .doc, .docx ou .rtf. Le nombre de pages sera détecté et un contrôle automatique d'impression se lancera, une fois l'envoi du livre terminé. Vous pourrez (alors) visualiser en ligne d'éventuels problèmes (d'impression) en utilisant l'outil de révision de contenu (« Interior Reviewer Tool »). Étant donné que vous avez utilisé un modèle de fichier CreateSpace pour réaliser votre livre, laissez sélectionné le « Bleed » à « Ends **before** the edge of the page » (La bordure avant la limite de la page). Laissez aussi cochée la case « Run automated print checks and view formatting issues online » (Lancer le contrôle automatique d'impression et voir les problèmes de formatage en ligne). Pour envoyer votre livre, il ne vous reste plus qu'à cliquer sur le bouton [Save] en bas de page. Veuillez noter que, jusqu'à présent, votre livre a été soumis d'une façon automatique, par un système informatique en ligne et qu'un système de contrôle en ligne (c'est vous qui allez contrôler, évidemment) sera mis en route, sans aucune intervention humaine (à part la vôtre).

Divers « thermomètres » vont s'afficher, indiquant la progression du téléchargement et du traitement automatique de votre fichier par CreateSpace.

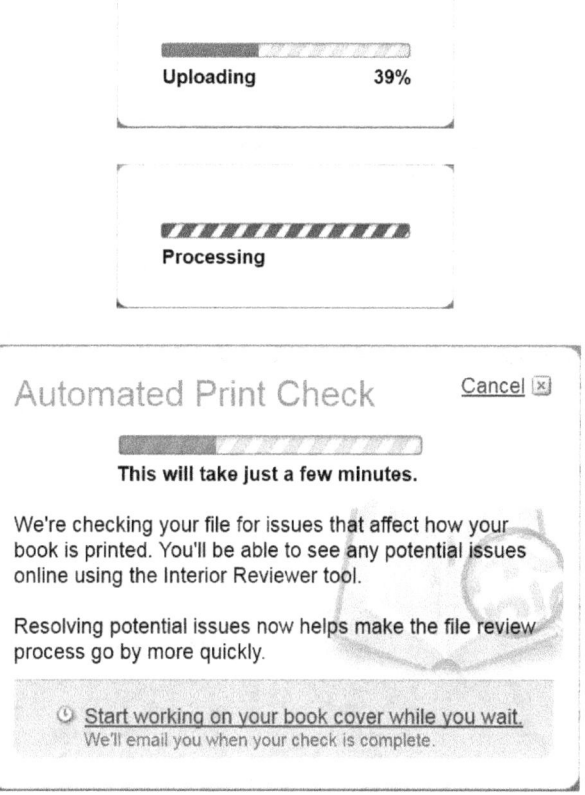

La dernière petite fenêtre « Automated Print Check » (Contrôle automatique d'impression), avec son « thermomètre », vous demande de patienter quelques minutes (« This will take just a few minutes »). On vous y explique aussi que CreateSpace est en train de vérifier votre fichier afin d'y détecter d'éventuels problèmes qui pourraient affecter l'impression du livre. Vous pourrez voir en ligne tous les problèmes potentiels en utilisant l'outil de révision de contenu (« Interior Reviewer Tool »). On vous indique aussi que la résolution des problèmes à cette étape, rendra le processus de révision plus rapide. Enfin, en dernière ligne, il vous est proposé de travailler sur la couverture du livre en attendant, avec un lien conduisant vers l'outil de réalisation de la couverture. Je vous suggère fortement de ne pas vous précipiter sur la réalisation de la couverture, mais d'attendre sagement la fin du processus de révision du contenu. Chaque chose en son temps ! La durée (de quelques minutes !) de la révision varie selon la taille de votre livre (nombre de pages) et sa complexité (présence de tableaux, d'images, d'index, etc.). Patientez en rêvant au best-seller !

Une fois le processus de révision achevé, la page « UPLOAD RECEIVED » (téléchargement reçu) s'affiche. Cette page, entre autres informations, affiche un message important quant à l'état de votre livre.

En premier lieu, le nom de votre fichier livre est affiché (Mon premier livre.pdf) et le nombre de pages (104, c'est pour la démonstration). Au-dessous, le format du livre et ses caractéristiques physiques (en blanc et noir sur papier blanc). Le message important que vous pouvez lire en dessous peut se présenter sous deux versions :

1) « Our automated print check didn't find any issues » : ce qui signifie que le système de révision automatique de contenu n'a trouvé aucun problème.

2) « Our automated print check found 1 issue with your file » : ce qui signifie que le système de révision automatique de contenu a trouvé 1 (ou plus) problème(s).

Que faire à présent ? En premier vous allez renoncer à l'option, qui consisterait à vous passer d'aller jeter un coup d'œil à l'intérieur de votre livre, même s'il ne présente aucun problème, car aucun problème pour le système de révision ne signifie pas qu'il pourrait ne pas y avoir de problèmes pour vous, être humain. Donc, ne pas cliquer sur « Skip Interior Reviewer » (Sauter le réviseur de contenu).

Vous n'allez pas non plus, en aveugle, envoyer une nouvelle fois le fichier de votre livre, sans savoir ce qu'il en retourne. Ainsi, la seule chose qu'il vous reste à faire est de cliquer sur le bouton [Launch Interior Reviewer] (Lancer/Démarrer le réviseur de contenu). Vous allez voir, vous ne serez pas déçu du voyage. Nota : les liens (en haut à droite) « Edit your interior details » et (en bas à gauche) « Upload a different file », conduisent sur la même page, celle où vous pouvez sélectionner les caractéristiques de votre livre et (re)télécharger (re-envoyer) son fichier PDF.

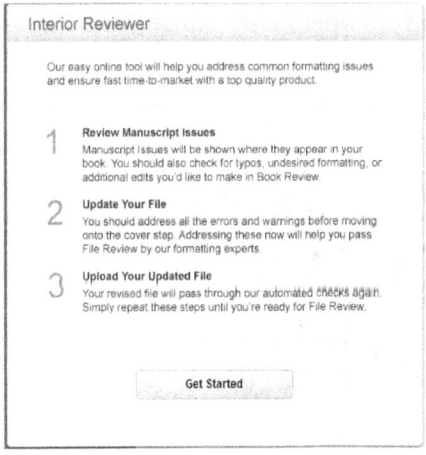

Une fois le bouton [Launch Interior Reviewer] cliqué, le réviseur de contenu s'affiche et, avec en arrière-plan la première page de votre livre, une petite fenêtre de démarrage qui vous dit ceci : notre outil en ligne (le réviseur de contenu), facile à utiliser, va vous aider à traiter les problèmes classiques de formatage et vous assurer un accès rapide au marché (Amazon) avec un produit de haute qualité. Trois étapes vous sont proposées :

1) Réviser les problèmes du manuscrit : ces problèmes seront affichés (dans le réviseur en ligne) tels qu'ils apparaîtront dans votre livre. Vous devriez aussi en profiter pour contrôler les éventuelles fautes de frappe, les défauts de formatage ou encore réaliser des révisions plus substantielles dans le texte de votre livre.[56]

2) Mettre à jour votre fichier : vous devriez traiter toutes les erreurs et les avertissements (du réviseur de contenu), avant de passer à l'étape de la couverture (qu'est-ce que je vous disais !). Traiter les problèmes à cette étape vous permettra de passer plus facilement l'étape ultérieure de la révision par les experts en formatage (c'est-à-dire la révision réalisée par des opérateurs humains de CreateSpace, une fois votre livre et sa couverture « soumis », voir plus loin…).

3) Envoyer votre fichier mis à jour : votre fichier, une fois révisé (corrigé), doit à nouveau être envoyé et passer par le réviseur automatique de contenu. Répétez cette étape autant de fois que nécessaire, jusqu'à ce que vous soyez prêt à soumettre votre livre à la révision (finale, par les opérateurs humains de CreateSpace).

Cliquez sur le bouton [Get Started] (Commencer) et un fac-similé électronique de votre livre s'affiche… Pas mal ? Hein ?

---

[56] Quand on parle ici de « corriger/modifier » le livre, il faut comprendre que vous repérez les erreurs telles qu'elles s'affichent dans le réviseur en ligne (sur internet), mais les corrections et révisions sont à faire, évidemment, dans votre fichier sous traitement de texte (.doc ou .odt).

Remarquez la petite ombre du côté de la tranche du livre, qui donne un réalisme du plus bel effet. Cliquez sur la petite flèche à droite pour feuilleter le livre (vous pouvez aussi, d'une façon très réaliste, mais peu pratique, utiliser la souris en draguant à partir des coins de pages pour produire une illusion de feuilletage, comme si vous aviez le livre entre vos mains et que vous utilisiez votre doigt mouillé de salive. Raaaah !). Vous pouvez encore utiliser les touches flèches gauche et droite du clavier (c'est le plus pratique).

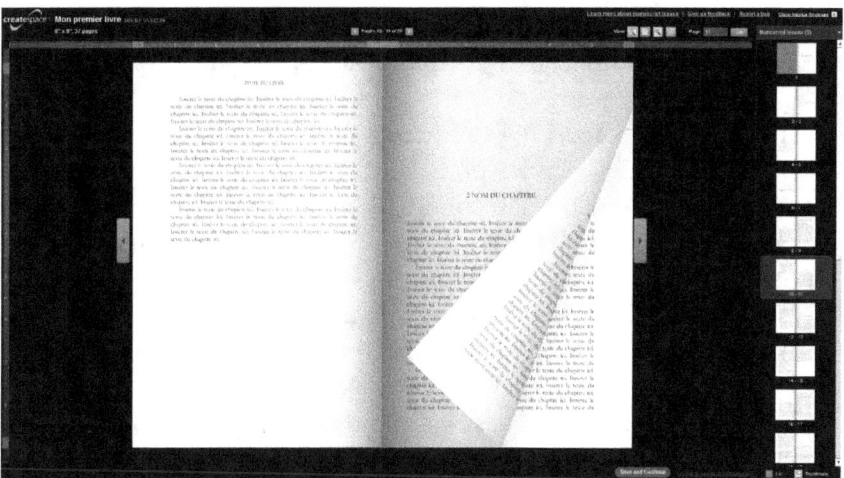

Examinons les fonctionnalités de ce « Reviewer » de livre. Sur la droite, vous avez l'affichage de la totalité des pages du livre afin de faciliter la navigation (quoique le téléchargement puisse être parfois un peu long). Lorsqu'il y a des problèmes avec le livre, c'est pareillement sur la droite que des messages s'affichent.

Les quatre liens en haut à droite de l'écran sont :

1) [Learn more about manuscript issues] : pour en apprendre davantage à propos des problèmes de manuscrit (en anglais).
2) [Give us feedback] : pour envoyer d'éventuels commentaires (en anglais) à propos du Reviewer.

3) **[Report a bug]** : pareillement, pour rapporter une éventuelle panne (bug) du Reviewer.

4) **[Close Interior Reviewer]** : pour quitter/fermer le Reviewer.

Comme vous êtes censé ne pas connaître grand-chose à l'anglais (c'est le présupposé de ce livre), seul le quatrième lien vous intéresse. À présent, passons aux cinq boutons au-dessous, qui concerne l'affichage (« View »). Survolez à la souris pour avoir les infos-bulles.

1) **[Two Page View]** : pour afficher le livre (comme il est actuellement, si vous n'avez touché à rien), avec deux pages côte à côte.

2) **[One Page View]** : pour afficher une seule page à l'écran.

3) **[Full Width View]** : pour un affichage zoomé, plein écran (nota : patientez quelques secondes pour que l'image soit nette, le temps que toutes les données images arrivent). Vous draguez à la souris pour vous déplacer dans les deux pages contiguës. Par exemple, pour vérifier la qualité d'une illustration.

4) **[Catalog View]** : pour afficher toutes les pages sous la forme de petites images (icones, « thumbnails »).

5) **[Go]** : après avoir saisi un numéro de page, vous pouvez directement l'afficher en cliquant sur ce bouton.

Tout à droite, la liste déroulante affiche « Manuscript Issues ». Si vous cliquez dessus vous verrez que cette « liste » se réduit à deux options d'affichage : [Manuscript Issues] et [Book Preview]. La première option affiche les (éventuelles) erreurs repérées dans le livre ; la seconde option affiche une prévisualisation de la totalité des pages du livre (soit sous la forme d'une liste, soit sous celle de vignettes – petite images, voir plus bas). Dans le cas d'une liste d'erreurs, en cliquant sur chaque erreur, les pages où se situent les erreurs sont indiquées. Même si vous ne comprenez pas tout à fait ce qui est expliqué en anglais, en vous rendant sur les pages d'erreurs, ces dernières vous sont indiquées par une petite balise rouge. Il est alors facile d'en déduire ce qui ne va pas. Les deux erreurs les plus fréquentes sont : 1) des images dont la résolution est insuffisante ; 2) des contenus (en général graphiques) qui débordent dans les marges.

À présent, intéressons-nous aux liens et boutons en bas à droite de l'écran.

Si, après examen attentif de votre livre, vous décidez qu'il est bon pour la soumission finale à CreateSpace, vous cliquez sur le bouton bleu [Save and Continue], c'est-à-dire « Enregistrer et continuer ». Dans le cas contraire, votre livre doit être repris, des erreurs traitées, alors vous cliquez sur le lien en rouge [Go Back and Make Changes], ce qui veut dire « Retour et faire des changements ». Les deux boutons suivants [List] et [Thumbnails] affichent différemment la liste latérale des pages (« Book Preview »), soit sous la forme d'une liste (sans images), soit sous la forme de petites vignettes (images). La première solution est plus rapide à télécharger dans certains cas.

Que faire dans l'Interior Reviewer ? À moins que vous n'ayez des yeux de lynx, je vous déconseille de relire et repérer des erreurs dans le texte, car les caractères sont trop petits et pas assez nets pour une lecture confortable (c'est vous qui voyez !). Par contre, l'affichage est suffisamment précis pour que vous puissiez contrôler toute la mise en page, que rien ne déborde dans les marges, que les chapitres commencent page de droite, la résolution des images (comme indiqué plus haut : des images que vous avez insérées dans votre livre avec la résolution recommandée de 300 DPI peuvent, si elles comportent dans leur apparence quelques zones un peu floues, être considérées par l'Interior Reviewer comme étant d'une résolution plus basse. Dans ce cas, ne tenez pas compte du message d'erreur, vérifiez en zoomant sur la page que ce que vous voyez correspond à ce que vous voulez pour votre livre et poursuivez votre contrôle visuel).

Soyez exhaustif dans votre contrôle visuel du livre en parcourant **toutes** les pages, de la première à la dernière et en notant les éventuelles erreurs à réparer. Prenez votre temps ! Ensuite, comme indiqué plus haut, faites votre choix en fonction du résultat de votre analyse : soit accepter le livre et cliquer [Save and Continue] ; soit reprendre le livre et cliquer sur [Go Back and Make Changes]. Ce processus de correction, téléchargement [Upload a different file] et contrôle dans l'Interior Reviewer, peut être renouvelé autant de fois que nécessaire, jusqu'à ce que votre œuvre soit, à vos yeux, parfaite !

Si vous êtes satisfait, vous avez cliquez sur [Save and Continue] et vous revenez sur la page « UPLOAD RECEIVED », mais cette fois le lien [Skip Interior Reviewer], en bas à droite, est remplacé par un bouton [Continue], que vous allez cliquer pour… Continuer !

Cover (la couverture)

L'étape suivante va vous amener à réaliser la couverture de votre livre. La page « Cover » (couverture) qui s'affiche va vous permettre de réaliser cette opération.

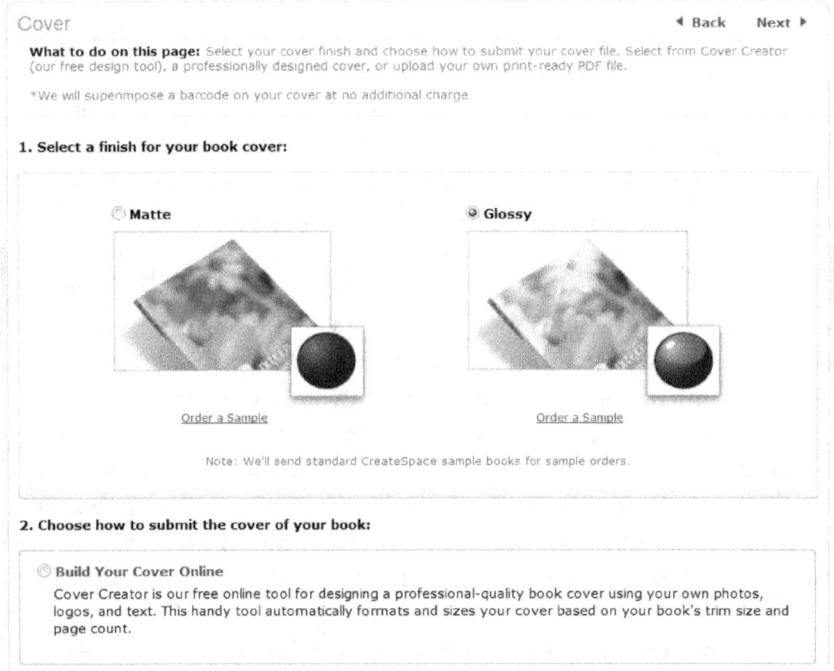

En premier lieu, on vous demande de sélectionner la finition (« finish ») de votre couverture : voulez-vous une couverture mate (« Matte ») ou brillante (« Glossy ») ? Le fait que l'option « Glossy » soit sélectionnée par défaut vous aidera à apporter une réponse à cette question. Comme on dit en anglais : « That's up to you! », en gros, c'est vous qui voyez. Inutile de commander (contre des dollars) des échantillons (« Order a Sample ») pour comparer. Je suis certain que vous devez avoir en bibliothèque un livre de poche avec une couverture mate et un autre avec une couverture brillante. Vous comparez et vous vous décidez. Mais il est vrai que le brillant est le plus populaire.[57]

---

[57] Les couvertures de CreateSpace sont le point faible du système. Les

Une fois ce choix réalisé, vous cliquez sur la première option au-dessous pour « Choose how to submit the cover of your book » (Choisissez comment soumettre la couverture de votre livre). Donc vous choisissez « Build Your Cover Online » (réaliser sa couverture en ligne).

À moins que vous ne préfériez dépenser au moins 399 dollars pour la faire faire par un artiste de CreateSpace ? Il existe aussi l'option de faire la couverture chez vous avec le logiciel adéquat (avec The Gimp, par exemple), de la sauver en PDF et de l'envoyer à CreateSpace, sauf que vous allez devoir vous livrer à de savants calculs pour savoir quel sera le format en pixels de la couverture et la largeur de la tranche en fonction du nombre de pages, sans compter que vos talents de graphistes ne seront peut-être pas à la hauteur de vos talents d'écrivain... C'est vous qui voyez ! Dans le cadre de cet ouvrage, vous choisissez sagement la première option, ce qui affiche un accès à un bouton pour lancer le « Cover Creator », le créateur de couverture en ligne.

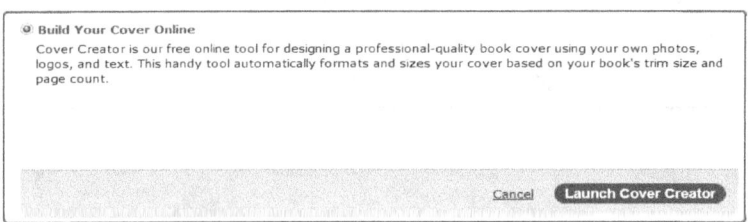

On vous explique ici que : le Cover Creator est un outil en ligne gratuit qui permet de réaliser une couverture de livre de qualité professionnelle, à partir de ses propres images (photos), logos et textes. Cet outil, facile à utiliser, formatera et établira la taille de votre couverture, selon la taille, le format et le nombre de pages de votre livre. Ce dernier point est essentiel : le créateur de couverture va automatiquement ajuster la couverture aux caractéristiques physiques

---

couvertures « Glossy » ont tendance à rebiquer, se tordre dans les coins, on doit toujours entreposer le livre serré entre ses congénères. Les couvertures « Matte » voient leur encre se décalquer sur les doigts et les doigts laisser de belles empreintes. Que choisir ? Le moins pire me paraît être « Glossy », en attendant que CreateSpace se décide à augmenter sensiblement l'épaisseur du carton de ses couvertures...

de votre livre, sans aucune intervention de votre part. N'est-ce pas merveilleux ?! Si ! Alors, cliquez sur le bouton bleu [Launch Cover Creator] (Démarrer le créateur de couverture).

Le Cover Creator s'affiche et, s'il s'agit de son premier lancement (lorsque vous aurez sélectionné un « Design », il s'ouvrira sur une vue de la couverture), il s'ouvre sur le sélecteur de modèles (« Design »). Vous en avez cinq pages de six modèles. Avec ces trente modèles et votre créativité, vous allez bien arriver à créer une superbe couverture pour votre livre !

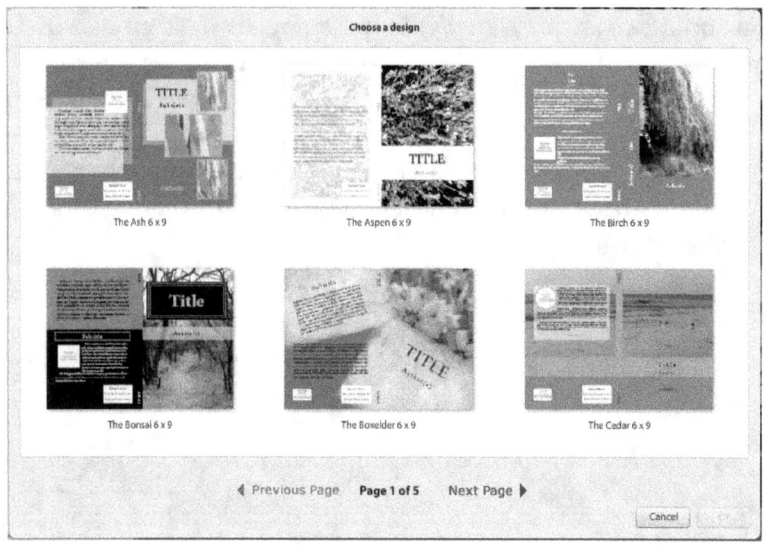

Chaque « Design », modèle porte un nom (« The Ash », The Aspen », « The Bonsai », etc.), suivi du format du livre en pouces (ici, 6 × 9) et, si votre ouvrage a moins de 131 pages, la mention « Spineless » (qui signifie « sans tranche », le titre et le nom de l'auteur ne sont pas imprimés sur la tranche du dos du livre).

À noter que vous n'êtes pas obligé de faire une couverture en « noir et blanc » pour une question de coût. Les couvertures peuvent être en couleur sans aucun surcoût. Explorez les modèles pour trouver celui qui vous convient. Faites des essais en sélectionnant l'un d'eux, puis, si vous le voulez, vous pourrez afficher à nouveau le sélecteur de modèles et en essayer un autre, voire tous les essayer ! Prenez votre temps.

Les illustrations présentées ne sont que des exemples et nous verrons que vous pourrez mettre une autre image plus adaptée à votre livre. Page 4 du sélecteur de modèles, les modèles « The Palm » et « The Pine » vous permettent d'insérer une image de votre crue qui occupe entièrement la surface de la couverture. Pour « The Palm », vous pouvez mettre une image différente pour le devant et le dos de la couverture et, pour « The Pine », une image unique qui englobe avant et dos de la couverture (attention, il vous faudra prendre en compte le nombre de pages du livre pour déterminer la largeur de la tranche). Page 5, le modèle « The Spruce » vous permet d'insérer une image qui recouvre entièrement tout le devant de la couverture. Veuillez aussi noter qu'un modèle peut posséder jusqu'à quatre éléments, qui sont optionnels, car certains modèles ne possèdent pas l'un ou l'autre de ces éléments. Ces éléments optionnels sont : le sous-titre (« Subtitle »), le logo de l'éditeur (« Publisher Logo »), la photo de l'auteur (« Author Photo ») et la citation au dos (« Back Cover Quote »). Vous pourrez utiliser ou non ces éléments.

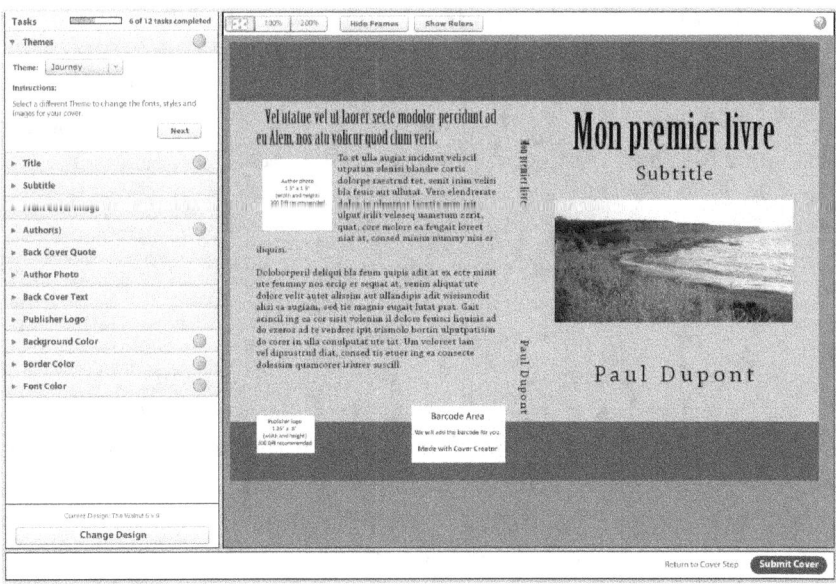

Les autres éléments, au nombre de cinq, sont présents dans la plupart des modèles : l'image de devant (« Front Cover Image »), le titre (« Title »), le nom de ou des auteur(s) (« Author(s) »), le texte de résumé ou de présentation au dos, la quatrième de couverture dit-on aussi (« Back Cover Text ») et, enfin, le code barre (« Barcode Area »). Notez que le code-barre (qui reprend les deux numéros ISBN de 10 et 13 caractères) sera placé par CreateSpace. Par contre, si vous utilisez un modèle avec insertion d'une image sur toute la surface du dos de la couverture, prenez garde qu'un élément important de cette image ne soit pas caché par le code-barre.

Pour l'exemple, nous allons sélectionner le modèle « The Walnut » (page 5) qui comporte la totalité des cinq éléments optionnels (voir l'illustration ci-dessus). De plus, ce modèle élégant a la particularité d'afficher en filigrane l'image de devant sur la totalité du fond de la couverture, devant et dos, ce qui donne un effet parfois intéressant. Voyons tout d'abord l'interface avec les boutons de commande.

Les cinq boutons du cadre de droite, affichant la couverture, sont, de gauche à droite (survoler avec la souris pour voir les infos-bulles) :

1) « Preview will be resized to fit into the preview window » : ce bouton réduit la taille de l'affichage de la couverture pour qu'elle s'adapte au cadre d'affichage (c'est la présentation par défaut).

2) « Preview will be displayed at approximately 100% » : ce bouton affiche la couverture à environ 100% de sa taille.

3) « Preview will be displayed at approximately 200%. Mouse down and drag to pan the image » : ce bouton produit un zoom à 200% de l'image. Draguer avec la souris pour se déplacer dans l'image.

4) « Hide Frames » : pour cacher les cadres (voir ci-après).

5) « Show Rulers » : pour montrer les règles horizontale et verticale, comme dans un traitement de texte.

En survolant l'image de la couverture avec le curseur de la souris, les différents cadres des éléments de la couverture apparaissent. En cliquant sur le bouton [Hide/Show Frames] (Cacher/Montrer les cadres), vous pouvez faire disparaître ou réapparaître les cadres. Notez que lorsque les cadres sont apparents, vous pouvez cliquer dessus pour faire réagir le menu de gauche. Ce que vous ne pouvez plus faire si les cadres sont cachés. Dans ce cas, vous devez passer par le menu pour sélectionner l'élément à modifier.

En bas à droite, le lien [Return to Cover Step] vous ramène à la page « Cover ». Tandis que le bouton [Submit Cover] enregistre la couverture et conduit, lui aussi, à la page « Cover », mais celle-ci permet de visualiser et compléter la couverture (voir plus loin).

Passons à présent au cadre de gauche, qui contient l'accès à tous les paramétrages, dont voici la liste commentée (cliquez sur la barre bleue de l'intitulé du paramètre ou sur le bouton [Next], pour aller d'un paramètre au suivant) :

- **Themes** : qui permet de sélectionner un style de couverture.
- **Title** : il s'agit du titre de votre ouvrage.
- **Subtitle** : qui concerne le sous-titre de votre livre.
- **Front Cover Image** : il s'agit de l'image d'illustration sur le devant de la couverture.
- **Author(s)** : le nom de l'auteur (ou des auteurs).
- **Back Cover Quote** : une citation au dos de la couverture.
- **Author Photo** : la photographie de l'auteur.
- **Back Cover Text** : le texte de présentation ou description, au dos de la couverture (quatrième de couverture).
- **Publisher Logo** : le logo de l'éditeur.
- **Background Color** : la couleur de fond de la couverture.
- **Border Color** : la couleur de bordure de la couverture.
- **Font Color** : la couleur des caractères.

Tout au bas du cadre de gauche, vous voyez le bouton [Change Design] pour changer de modèle de couverture. Au-dessus est indiqué le modèle actuellement (« Current ») affiché (« The Walnut 6 × 9 », en l'occurrence). Pour rappel, suivant le modèle de couverture sélectionné, tous les paramètres peuvent ne pas être présents. Par exemple, si vous tenez à avoir le logo de l'éditeur ou une citation ou une photo de l'auteur, au dos de la couverture, vous serez limité à certains modèles et pas d'autres. Ou bien vous devrez opter pour un modèle comme « The Palm », qui vous permet d'insérer une image complète du dos de la couverture. Voyons à présent en détail, chacun de ces paramètres.

Themes : en plus du Design (modèle de couverture), vous pouvez choisir un « thème » soit, plus précisément, un style de couverture avec une police de caractère spécifique et quelques modifications de détail, comme des cadres, des ombres, etc. Au départ, c'est le thème « Journey » (pour le modèle « The Walnut »), mais faites vos essais en cliquant sur la liste déroulante et voyez ce que cela donne, afin de choisir le thème qui vous convient le mieux.

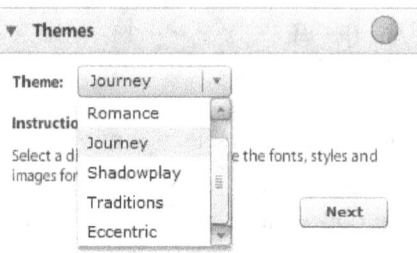

Title : il s'agit du titre de votre ouvrage, tel qu'il est affiché sur la couverture. Attention à la règle de CreateSpace : le titre de l'ouvrage sur la couverture, doit être identique au titre à l'intérieur de l'ouvrage et au titre de l'ouvrage tel que vous l'avez enregistré dans CreateSpace (un peu de cohérence ne peut pas faire de mal !). Par contre ici, vous pourriez, par exemple, mettre le titre en lettres capitales (majuscules), si cela s'avère judicieux. À vous de voir…

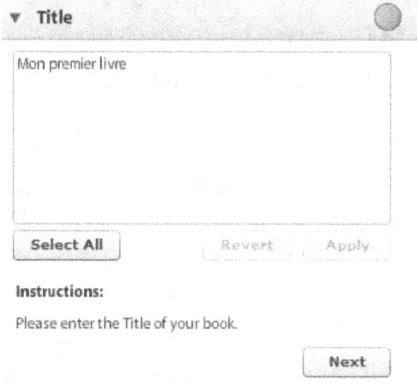

Subtitle : qui concerne le sous-titre de votre livre. Si, à l'enregistrement du livre, vous n'avez pas mis de sous-titre, il y aura juste marqué ici « Subtitle ». Si vous ne voulez aucun sous-titre, il suffit de décocher la case « Visible ». Par contre, même si votre livre n'a pas de sous-titre, vous pourriez vouloir lui en mettre un sur la couverture, pour exprimer quelque chose en référence au contenu de l'ouvrage (« une histoire bouleversante », par exemple), ou bien mentionner la catégorie de votre texte (« Roman », « Biographie », « Policier », « Nouvelles », « Poésie », etc.). Ici aussi, vous avez le choix entre minuscules et majuscules.

Front Cover Image : il s'agit de l'image affichée sur le devant de la couverture. Voici les instructions de CreateSpace.

Merci de télécharger une image (formats .jpeg, .jpg, .tiff) aux dimensions (largeur et hauteur) de 5,25 pouces $\times$ 2,75 pouces (soit 13,335 cm par 6,985 cm, soit encore 1575 $\times$ 825 pixels) et avec une résolution d'au moins 300 DPI. Merci de noter que les images téléchargées à une taille différente seront retaillées avec le même ratio largeur/hauteur, afin de correspondre au cadre.

Si vous mettez une image contenant du texte, merci de vous assurer que tous les textes soient au moins à 0,5 pouce (1,27 cm ou 150 pixels) de la bordure.

Si vous voulez utiliser l'image par défaut du modèle, décochez la case « Visible ».

L'image que vous avez téléchargée apparaîtra aussi sur votre couverture comme une image de fond plus large et semi-transparente (filigrane). Ceci est une caractéristique uniquement pour le modèle « The Walnut ». Si vous n'aimez pas cet effet, veuillez choisir un autre modèle pour votre couverture.

Examinons les possibilités concernant cette illustration de couverture. Vous pouvez télécharger l'une de vos propres images en cliquant sur le bouton [Upload] (le bouton [Clear] permet de tout remettre à zéro concernant l'image et de recommencer). Choisissez une image préparée avec Gimp ou trouvez-en une sur internet et stockée sur votre disque dur. Attention, référez-vous à ce que je vous ai dit plus haut concernant les droits d'auteur (le copyright) des images trouvées sur internet. Vous ne pouvez mettre qu'une image libre de droits ou achetée pour un usage commercial. L'image doit avoir au moins une taille de 1575 × 825 pixels (taille recommandée pour ce modèle de couverture, « The Walnut », mais qui peut évidemment varier en fonction du modèle choisi) et d'une résolution d'au moins 300 DPI (PPP, pixels par pouce).

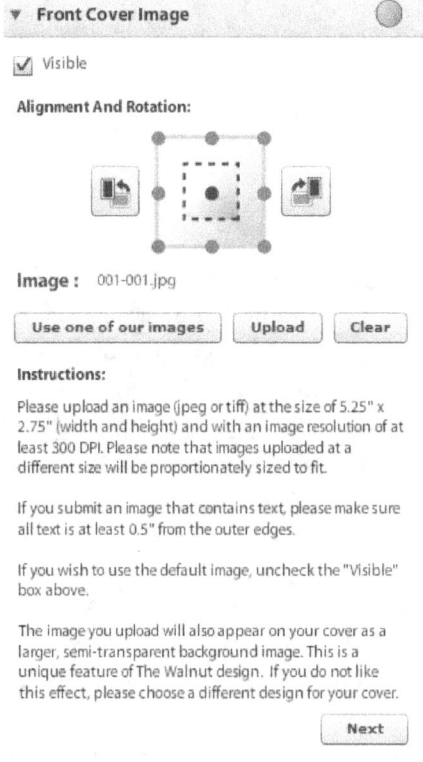

Vous pouvez aussi utiliser l'une des images proposées par CreateSpace, gratuitement et libres de droit. Pour cela, cliquez sur le bouton [Use one of our images] (Utilisez l'une de nos images). La galerie d'images (« Image Gallery ») s'ouvre. Le « splash » (oui, cela s'appelle comme ça en programmation) qui s'affiche, vous souhaite la bienvenue dans la galerie et vous indique que :

Vous pouvez utiliser les graphiques de la galerie d'images gratuitement dans la couverture réalisée avec le Cover Creator, pour un produit (un livre) publié avec CreateSpace. En petits caractères, en bas, on vous précise que les images peuvent être utilisées uniquement avec des livres publiés avec CreateSpace et en utilisant l'outil de création de couverture (« Cover Creator »). Vous n'avez pas la possibilité de modifier, dupliquer, distribuer, afficher, présenter, établir une sous-licence, republier, retransmettre, reproduire, créer des œuvres dérivées, transférer, vendre ou faire tout autre usage de ces images. Au passage, CreateSpace vous précise que vous ne devez pas décoder, décompiler ou désassembler l'outil « Cover Creator » (ça, c'est pour les petits malins de l'informatique…).

Comment ça marche ? Parcourez la galerie en cliquant sur les catégories ou en cherchant quelque chose de plus spécifique avec le champ de recherche (ce que vous ne ferez pas, car il faut chercher avec des mots en anglais, évidemment).

Quand vous avez trouvé une image pour votre couverture, cliquez sur [Use this Image] (Utiliser cette image), afin de poursuivre la création de votre couverture.

Vous voilà informé. Maintenant, il ne vous reste plus qu'à cliquer sur le bouton [Get Started] (Démarrer) pour entrer de plain-pied dans la galerie.

Vous voyez tout de suite, en bas du cadre d'affichage des images, que vous en avez 2306 à votre disposition, ce qui n'est pas si mal ! Les images sont classées en 21 catégories, comportant chacune plusieurs sous-catégories. Lorsque vous cliquez sur une catégorie, dans le cadre de droite apparaît une image représentative de chaque sous-catégorie. Tandis qu'au bas de ce cadre sont indiqués, outre le nom de la catégorie, le nombre de sous-catégories et le nombre total d'images. En cliquant sur le lien [Show all images in this category and subcategories] (Montrer toutes les images dans cette catégorie et les sous-catégories), vous verrez la totalité des images. Voici une traduction des intitulés des catégories et de leurs sous-catégories.

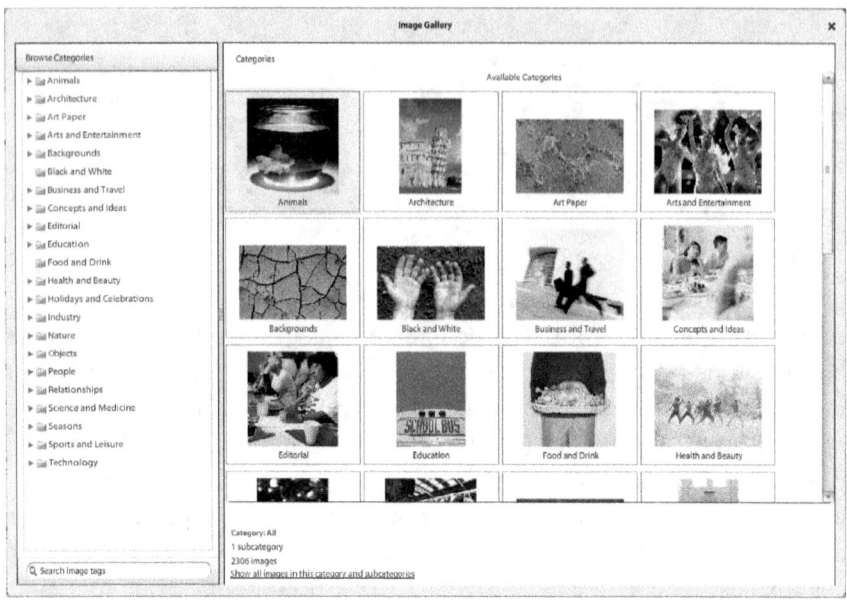

- Animaux
  - Oiseaux
  - Insectes
  - Mammifères
  - Animaux de compagnie
  - Reptiles et amphibiens
  - Vie marine
- Architecture
  - Bâtiments
  - Portes, fenêtres et escaliers
  - Fontaines et ponts
  - Édifices célèbres
  - Ruines
  - Statues et sculptures
- Papiers peints
  - Tonalités terre
  - Tonalités pierres précieuses
  - Monochromatique
  - Pastels

- Arts et divertissements
  - Livres
  - Célébrités
  - Film et spectacle
  - Musique
  - Art visuel
- Fonds d'écran
  - Abstrait
  - Nature
  - Motifs et textures
- Noir et blanc
- Affaires et voyages
  - Villes
  - Entreprises
  - Transport
- Concepts et idées
  - Traits de caractère
  - Communication
  - Émotions et sentiments
  - Religion et foi
- Édition
  - Finance
  - Journalisme
  - Politique
- Éducation
  - Université
  - Bibliothèque et enseignement
  - École
- Aliments et boissons
- Santé et beauté
  - Médecine alternative
  - Corps
  - Exercice
  - Mode

- Maquillage
- Vacances et fêtes
  - Événements
  - Vacances
  - Fêtes
  - Mariages et anniversaires
- Industrie
  - Agriculture
  - Gouvernement et armée
  - Usine et construction
  - Électricité et énergie
  - Distribution
- Nature
  - Plage et eau
  - Nuages et couchers de soleil
  - Paysages
  - Plantes et fleurs
  - Rochers et feu
  - Ciel et espace
  - Orages et catastrophes naturelles
- Objets
  - Intérieur
  - Fait-main
  - Outils
  - Jouets
- Personnes
  - Adultes
  - Bébés
  - Enfants
  - Seniors
  - Adolescents
- Relations
  - Famille
  - Amitié

- ◦ Amour
- Science et médecine
  - ◦ Dentiste et oculiste
  - ◦ Médicaments
  - ◦ Équipement
  - ◦ Espace
  - ◦ Rééducation
  - ◦ Recherche
- Saisons
  - ◦ Automne
  - ◦ Printemps
  - ◦ Été
  - ◦ Hiver
- Sports et loisirs
  - ◦ jeux
  - ◦ Sports d'équipe
  - ◦ Détente et relaxation
- Technologie
  - ◦ Ordinateurs et systèmes
  - ◦ Équipements

Nota : en parcourant catégories et sous-catégories, vous verrez qu'elles ne sont pas exclusives, au sens où une image peut se retrouver à plusieurs endroits… Lorsqu'une image vous convient, après avoir cliqué sur sa vignette, vous cliquez sur le bouton [Use This Image] (Utiliser cette image) et elle s'affichera sur l'avant de votre couverture.

De retour dans le Cover Creator/Front Cover Image, vous voyez sous « Alignment and Rotation » (Alignement et rotation) deux boutons explicites qui vont vous permettre de tourner l'image d'un quart de tour, dans un sens ou dans l'autre. De plus, en cliquant sur l'un des 9 points du carré au centre, vous pouvez déplacer l'image pour en faire apparaître certaines zones, vers le haut, le bas, la droite, la gauche, le centre… (vous pouvez ainsi utiliser une grande image et choisir précisément la zone à faire apparaître).

Author(s) : concernant le nom de l'auteur, n'oubliez pas que tout comme pour le titre du livre, il doit être identique, sur la couverture, dans le livre et dans CreateSpace. Vous pouvez écrire en minuscules ou majuscules. Vous pouvez ne pas mettre de nom d'auteur sur la couverture (décochez la case « Visible »). N'oubliez pas que CreateSpace vous permet de publier sous un pseudonyme ou même encore en mentionnant « Anonyme ».

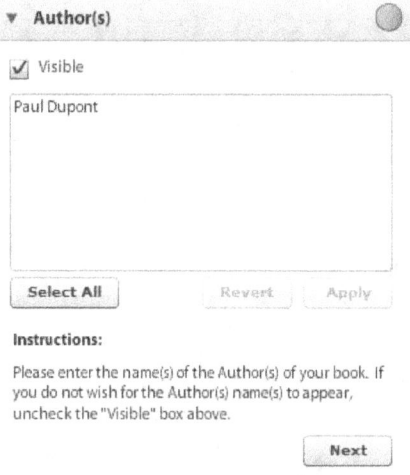

Back Cover Quote : il s'agit d'une courte citation.

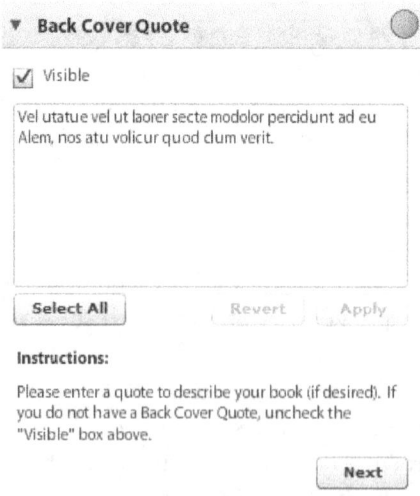

Une petite phrase que vous voudriez mettre au dos de la couverture, pour aiguiser la curiosité du futur lecteur, transmettre la signification de votre texte ou une émotion. Ce peut être une réplique forte d'un dialogue (« Si tu me quittes maintenant, je te tuerai ; si tu me quittes plus tard, je te survivrai. »). Ou l'extrait d'une action (« Il lui prit la main et la regarda comme il ne l'avait jamais regardée. »). Ou encore une critique positive (« La plus belle histoire d'amour depuis Roméo et Juliette. »). Un slogan (« Un livre bouleversant, un cri du cœur ! »). Etc. À votre imagination ! Vous pouvez renoncer à la citation en décochant la case « Visible ».

Author Photo : ici vous pouvez télécharger (bouton [Upload]) et afficher une petite photo de vous-même, en tant qu'auteur. Si c'est le cas, il vous est demandé de télécharger une image au format .jpeg, .jpg ou .tiff, de 1,5 pouce de large et 1,5 pouce de haut (soit 3,81 cm ou encore 450 pixels) et une résolution de 300 DPI au moins. Les images d'une taille différente seront retaillées en respectant les proportions largeur et hauteur. Si vous renoncez à afficher votre bobine sur la couverture, décochez la case « Visible ».

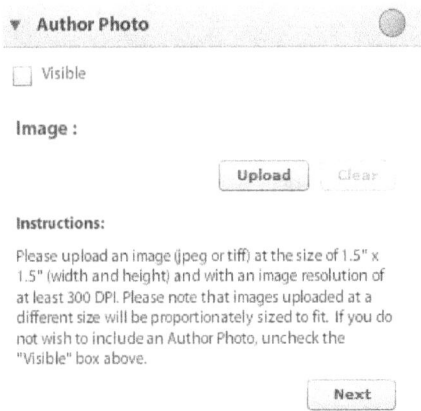

Back Cover Text : dans le champ de saisie, vous allez pouvoir entrer un court texte descriptif de votre livre, pour la quatrième de couverture. Cela est facultatif (dans ce cas, décocher la case « Visible »), mais cela est fortement recommandé. C'est le réflexe de tout lecteur potentiel que de retourner le livre pour lire la quatrième de couverture. Le texte doit être court, vivant, résumer d'une façon alléchante le contenu de votre livre. Ce peut être aussi un extrait choisi du livre. Un extrait qui accroche et donne envie de lire la suite.

La réalisation de ce résumé du livre doit passer par un traitement de texte, afin de bénéficier du correcteur d'orthographe intégré. Respectez les mêmes normes que pour le contenu (voir en début de ce livre). Puis, copiez-collez le texte dans le Cover Creator. Zoomez l'affichage de la couverture à 200% et relisez bien votre texte. Selon le modèle de couverture choisi, le texte sera ou non justifié à droite (toutes les lignes ont la même longueur). Pour le modèle en exemple (« The Walnut »), il n'y a pas de justification. Cependant, sachez que lorsqu'il y a une justification à droite, Cover Creator applique des césures (le tiret qui coupe un mot pour un passage à la ligne suivante) sur certains mots un peu longs, mais d'une façon parfois maladroite. Donc, contrôlez bien les césures et voyez si vous pouvez en rectifier certaines (en ajoutant un tiret au bon endroit dans le mot) ou en supprimer d'autres, par exemple, en ajoutant des espaces insécables avant le mot (faire Alt + 0160) ou parfois avec un retour à la ligne (si le modèle ne prévoit pas un espace entre les paragraphes, ni un retrait en première ligne).

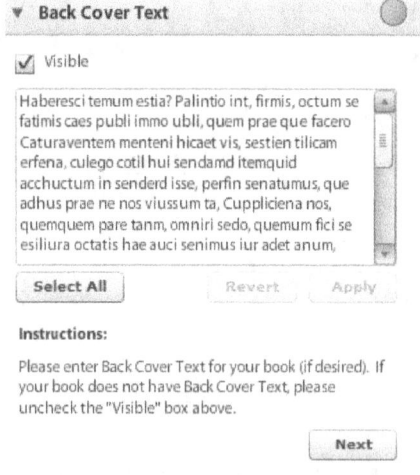

Publisher Logo : ici, vous pouvez placer le logo (une petite image) de l'éditeur. Comme c'est vous-même, en tant qu'auteur, qui faites de l'autoédition, ce logo est peu pertinent. À moins que vous ne vouliez donner une illusion d'édition avec un logo factice… À vous de voir. Notez que tous les modèles de couverture ne comportent pas un logo éditeur. Dans le cas où vous vouliez apposer un logo, l'image à télécharger (bouton [Upload]) doit faire une largeur de 1,25 pouce et une hauteur de 0,8 pouce (3,175 cm × 2,046 cm, soit encore 90 × 58 pixels), d'une résolution de 300 DPI, au format .jpeg, .jpg ou .tiff. Une image d'une taille différente sera retaillée en respectant les proportions largeur et hauteur. Si vous ne voulez pas de logo, décochez la case « Visible ».

Background Color : il s'agit ici de sélectionner une couleur de fond pour la couverture de votre livre. Cliquez sur le carré coloré en haut à gauche pour ouvrir la palette de sélection. Sélectionnez la couleur désirée en cliquant dessus. Si elle ne vous convient pas, recommencez le processus. Sinon passez à la couleur de bordure.

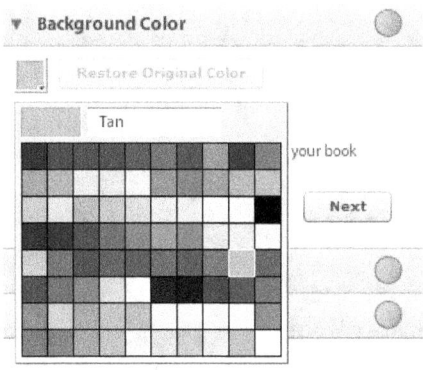

Border Color : cette couleur de « bordure » est propre à certains modèles de couverture (dont « The Walnut »), mais pas tous. Suivez la même procédure que pour la couleur de fond en affichant la palette et en y sélectionnant une couleur.

Font Color : il s'agit de la couleur des textes qui apparaissent sur la couverture (titre sous-titre, auteur, etc.). Suivez la même procédure que pour la couleur de fond en affichant la palette et en y sélectionnant une couleur. Il est recommandé de choisir une couleur foncée si le fond est clair et vice versa.

Avez-vous terminé votre couverture de livre ? Si après avoir tout bien scruté et contrôlé, vous êtes satisfait du résultat de votre travail, vous pouvez cliquer sur le bouton [Submit Cover] (en fait, ne vous inquiétez pas du terme « submit » (soumettre) utilisé sur ce bouton. Vous n'en êtes pas au stade où vous allez « soumettre » votre couverture à CreateSpace et vous pourrez encore revenir dessus, si nécessaire, avant la soumission finale). Assurez-vous aussi que tous les éléments du menu à gauche présentent un joli bouton vert. Regardez au-dessus de ce menu la ligne « Tasks » (tâches) et assurez-vous qu'à droite il y a bien un bouton vert, suivi de la mention « All tasks completed » (Toutes les tâches sont réalisées). Cliquez sur [Submit Cover].

Normalement, les choses se passent bien. Si vous n'avez pas réalisé toutes les tâches, on vous indiquera qu'il y a un problème et qu'il faut reprendre la couverture. Cliquez sur le bouton [Try Again] (essayer à nouveau). Cependant, il peut arriver que ce message s'affiche alors que votre couverture est parfaitement et complètement réalisée.

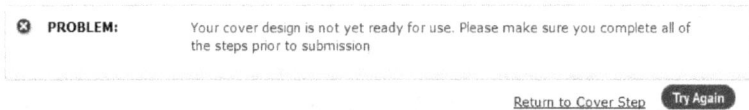

Un message qui vous dit : PROBLÈME : Votre modèle de couverture n'est pas encore prêt à être utilisé. Merci de vous assurer d'avoir réalisé toutes les étapes avant la soumission.

Si vous êtes certain d'avoir bien fait la couverture de votre livre, c'est qu'il y a un bug (une erreur) dans le système CreateSpace. Cela a été signalé, mais pas encore réparé, car cette erreur se produit de temps en temps. Il suffit de cliquer sur [Try Again] (de vérifier au passage que « All tasks completed » et tous les boutons au vert et de resoumettre [Submit Cover] votre couverture. Au second essai cela passe généralement.

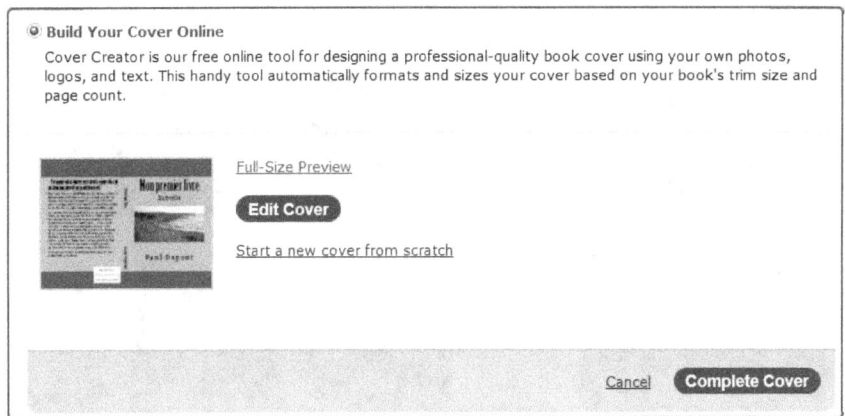

Désormais, la page « Cover » affiche une vignette (voir l'illustration ci-dessus) représentant la couverture de votre premier livre et des liens et boutons dont voici la fonction.

- **[Full-Size Preview]** : ce lien va ouvrir un nouvel onglet de votre navigateur qui affichera une version au format 908 × 666 pixels et une résolution de 72 DPI de la couverture dans son entier, face avant tranche et dos (voir ci-après).
- **[Edit Cover]** : ce bouton vous permet d'entrer à nouveau dans le Cover Creator et d'éditer, de modifier votre couverture, si besoin. Le Cover Creator affichera la version actuelle de la couverture (le même modèle et les mêmes modifications que vous avez apportées).
- **[Start a new cover from scratch]** : en cliquant sur ce lien et en confirmant cette action, le Cover Creator démarrera sur une couverture vierge, comme la première fois, et en affichant le sélecteur de modèles.

Exemple de couverture en « Full-Size Preview »

Écran après avoir cliqué sur [Complete Cover]

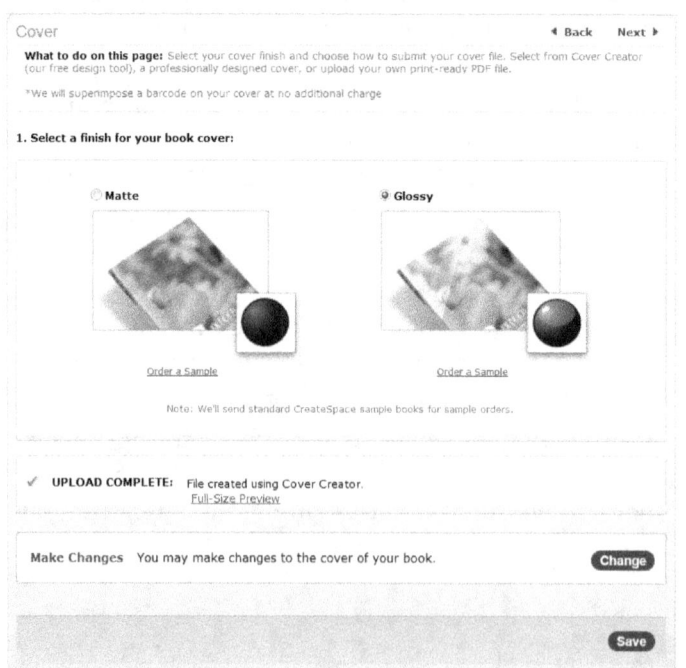

- **[Cancel]** : en cliquant sur ce lien vous annulez tout ce que vous avez fait (pour le cas où vous ayez des remords ?!).
- **[Complete Cover]** : cliquez sur ce bouton pour indiquer au système que vous confirmez que la couverture est terminée.

Sur la page qui s'affiche (voir illustration ci-dessus), vous pouvez encore modifier la présentation de la couverture, soit mate (« Matte »), soit brillante (« Glossy »).

Encore ici, vous pouvez à nouveau changer les choses, la couverture en cliquant sur le bouton [Change], ce qui vous donne la petite fenêtre ci-dessous. Le message vous indique que : « ATTENTION : Si vous modifiez votre couverture, votre sélection actuelle sera effacée. Est-ce ce que vous voulez faire ? ». Franchement, je n'ai jamais compris ce que c'est que cette histoire de « sélection ». Soyez rassuré, le modèle de couverture que vous avez créé ne sera pas du tout effacé. En cliquant sur [Proceed] (Continuer), vous allez reprendre la couverture dans l'état où vous l'avez laissée.

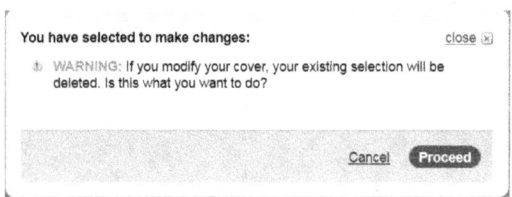

Sinon, cliquez sur [Save], ce qui enregistre l'étape « couverture », puis sur [Continue] (illustration ci-dessous), ce qui vous conduit à l'étape « Complete Setup » (Achever l'inscription – du livre).

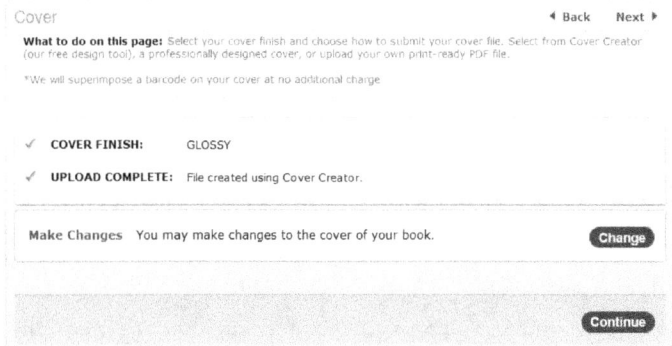

La page « Complete Setup » qui s'affiche (voir l'illustration ci-après), comporte, tout en bas, le bouton des boutons, le déclencheur ultime, le bouton dont vous avez toujours rêvé : [Submit Files for Review] ! (soumettre les fichiers – le contenu de votre livre et la couverture – à la révision, mais cette fois, il s'agit de la révision finale, réalisée par les opérateurs humains, l'équipe de CreateSpace).

Mais avant cela, vous devriez bien vérifier une dernière fois les informations affichées. Car vous pouvez encore, à ce stade, faire des modifications (boutons [Edit]). Le message en haut précise que les fichiers seront imprimés exactement comme ils sont soumis. En fait, la « révision » opérée par les employés de CreateSpace, ne porte en aucune façon sur la nature, la qualité littéraire ou éditoriale,[58] de votre contenu, qu'il s'agisse du texte ou de la couverture (on peut supposer qu'une image pornographique à l'intérieur du livre ou sur la couverture pourrait déclencher quelque forme de censure, mais pour ce qui est du texte, en français, je ne pense pas que les Américains de CreateSpace puissent en capter une goutte et ce n'est pas leur boulot). Le contrôle humain se bornera donc à la vérification d'une pure conformité technique : est-ce qu'en l'état, votre livre est imprimable pour obtenir un produit fini techniquement et d'apparence présentable ? That's all folks![59] Donc, du haut vers le bas de la page :

- Le titre du livre est-il correct ?
- Ainsi que le nom de son (ses) auteur(s) ?
- Il y a bien un numéro ISBN à 13 chiffres (non modifiable) ?
- Le format est-il du 6 × 9 pouces (15,24 × 22,86 cm) ?
- Le papier est-il blanc ?
- Y a-t-il x pages ?
- Sont-elles imprimées en noir et blanc (« Black & White ») ?
- Le fichier de contenu s'appelle-t-il « xxx.pdf » ?
- La couverture est-elle paramétrée sur brillant (« Glossy ») ?
- Le fichier couverture (produit par le « Cover Creator » en ligne) s'appelle cover-creator.pdf (ça, vous ne l'avez pas inventé !).

---

[58] Souvenez-vous que CreateSpace n'est pas un éditeur, mais un simple fabricant de livres à la demande.

[59] C'est tout, les gens !

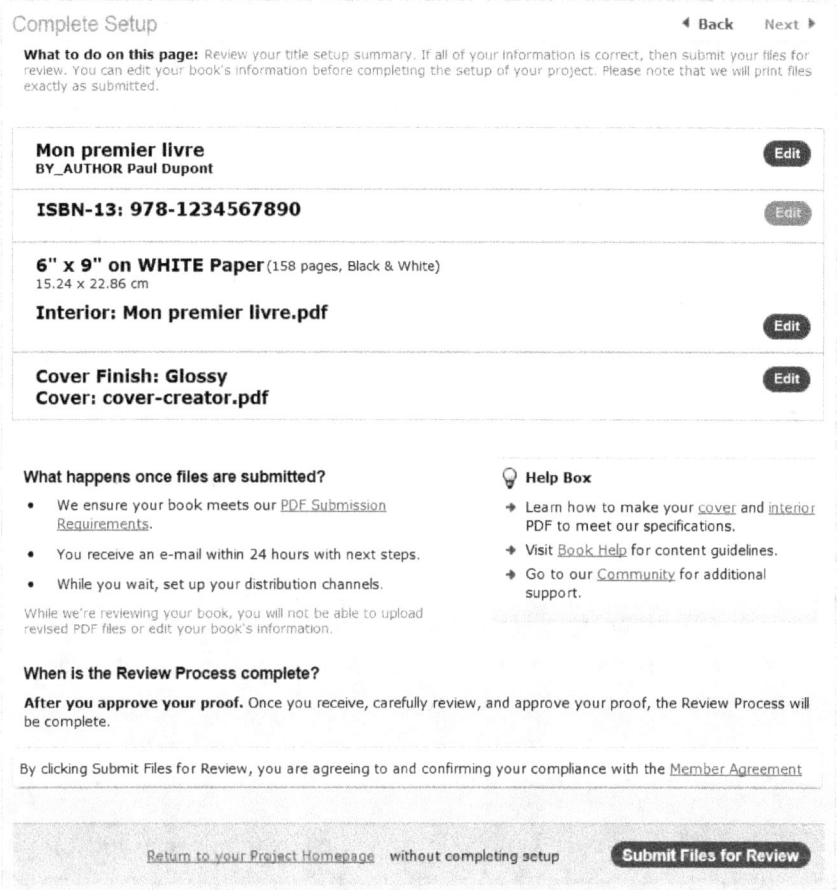

Ensuite, on vous explique ce qu'il va se passer une fois vos fichiers soumis à CreateSpace. L'équipe s'assure que le livre correspond aux spécifications pour la soumission des fichiers PDF (à CreateSpace). Vous allez recevoir un e-mail dans les 24 heures (en général cela prend une douzaine d'heures), pour vous informer des étapes suivantes (ultime vérification de votre part et approbation finale). Et, pendant ce temps, vous pouvez régler les questions de description (pour le site Amazon), de canaux de distribution et de prix de vente (ce que nous allons bientôt voir). Notez bien que : durant la révision par CreateSpace (les 12 à 24 heures), il ne vous est plus possible d'éditer les informations d'édition du livre ou d'envoyer un fichier PDF du contenu révisé, ni encore de modifier la couverture. Mais, si vous venez de vous apercevoir d'une énorme erreur, genre faute d'orthographe dans le titre (je plaisante !), pas de panique ! Une fois le processus de révision terminé, il suffira de ne pas « approuver » votre livre, puis de le soumettre à nouveau à CreateSpace. Et en plus, personne ne vous reprochera quoi que ce soit ! Elle n'est pas belle la vie ?

Pour avoir de l'aide, sur la droite, vous voyez le cadre « Help Box », comportant quatre liens vers des ressources. Cependant, comme nous le savons, vous ne connaissez pas (suffisamment) l'anglais pour pouvoir en tirer un profit. Donc, oublions ce cadre « Help Box ».

Quand le processus de révision sera-t-il achevé ? Parachevé, dit-on ? La réponse de CreateSpace est : lorsque vous aurez approuvé votre « épreuve ». Ce n'est pas plus compliqué que cela.

Avant de cliquer, on vous précise, tout en bas, qu'en cliquant sur le bouton [Submit Files for Review], vous signifiez que vous êtes d'accord et que vous confirmez cet accord avec le contrat membre (« Member Agreement »).[60] OK ?! Alors, allez-y, CLIQUEZ !

Si vous revenez à présent au « Member Dashboard », vous y verrez que votre livre est passé du « Status » « Incomplete » à « In Process », ce qui signifie que la révision est en cours... Patientez.

L'approbation du livre

Au bout de quelques heures, l'équipe de CreateSpace a fini son job et vous recevez un e-mail vous informant que votre livre est prêt à être approuvé. Il pourra être fait mention de quelques erreurs résiduelles, mais généralement, vous pourrez les ignorer (c'est souvent le problème « classique » de l'image dont la résolution serait soi-disant insuffisante, inférieure à 300 DPI, alors qu'à la vérification, elle est tout à fait imprimable telle qu'elle).

Avant d'approuver votre livre, l'ultime vérification, de votre part, peut se faire en ligne ou bien par la commande d'une épreuve papier. Je vous ai expliqué, au début de ce livre, le coût prohibitif de la commande d'une (seule) épreuve, dans un délai raisonnable, aux

---

[60] Il s'agit d'un contrat assez « classique », écrit en anglais, bien évidemment. Si vraiment vous voulez connaître son contenu, je vous laisse le soin de vous le faire traduire et expliquer par un connaisseur. Ce n'est pas ma partie !

États-Unis. En plus, cela retardera la publication de plusieurs jours. Aussi, je vous conseille de vous contenter du « Digital Proofer », que l'on peut traduire par « Contrôleur d'épreuve ». C'est un outil en ligne qui est identique à l'Interior Reviewer (qui a servi à contrôler la mise en page et la présentation de votre épreuve). La différence est que, désormais, vous aurez la couverture affichée à l'ouverture du Digital Proofer et vous pourrez voir une version 3D de votre livre. De plus, en parallèle au Digital Proofer, il vous est aussi possible de télécharger un exemplaire de votre livre « bon pour l'impression » au format PDF.

Mon conseil est donc le suivant : vérifiez une ultime fois la bonne facture de votre livre dans le Digital Proofer (inspectez la couverture sous toutes les coutures ; faites défiler TOUTES les pages, de la première jusqu'à la dernière, en regardant bien les hauts et bas de page, l'insertion des tableaux, des graphiques, que les chapitres commencent sur des pages impaires). Puis, refermez le Digital Proofer et approuvez votre livre. Ensuite, téléchargez le fichier épreuve au format PDF, pour en refaire une lecture, en attendant que votre livre paraisse sur Amazon.fr. Dès sa parution (il faut compter une petite semaine), passez aussitôt une commande d'un exemplaire pour vous. Dès réception, lisez-le, car de nombreuses erreurs sont étrangement invisibles à l'écran, mais vont vous sauter aux yeux sur le papier. Marquez tout ça au stylo fluo et, à la fin, corrigez votre manuscrit et refaites une soumission à CreateSpace. Ne vous inquiétez pas pour les clients. Il est rare qu'un livre commence à se vendre dans les premiers jours. Et si votre livre devait immédiatement avoir du succès, dites-vous que les premiers clients, qui auront acheté un exemplaire « encoquillé », possèdent un « collector ».

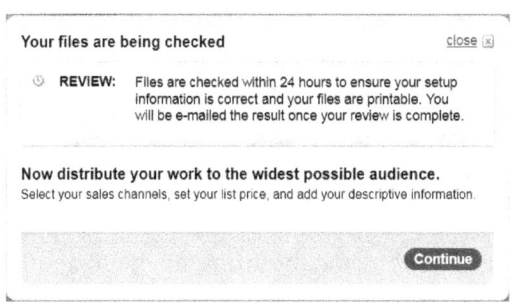

Lorsque vous approuvez votre livre, la petite fenêtre (illustration ci-dessus) s'affiche. Elle vous dit que vos fichiers (livre et couverture) seront vérifiés dans les 24 heures pour s'assurer que les informations d'inscription sont correctes et que les fichiers peuvent être imprimés. Le contrôle terminé, le résultat vous sera envoyé par e-mail. On vous invite ensuite à sélectionner les canaux de distribution, à établir un tarif de vente et à décrire votre livre pour sa présentation en ligne sur les sites marchands d'Amazon (nous verrons tout cela dans le prochain chapitre).

Revenons au Digital Proofer et, pour découvrir cet outil en ligne, je vais utiliser comme exemple le livre édité aux Éditions Nègrefont, « Childbot mon amour », dont je vous ai déjà parlé à propos des royalties. En voici un aperçu :

Examinons les fonctionnalités de cet outil. Certaines sont identiques à l'Interior Reviewer, d'autres s'y ajoutent.

Commençons par les cinq boutons en haut à droite de l'écran. Survolez à la souris pour avoir les infos-bulles.

1) [3D View] : pour afficher le livre en 3D (voir l'illustration ci-après). Vous pouvez faire tourner le livre pour le voir sous tous les angles, soit en draguant manuellement avec la souris, soit en cliquant sur les flèches gauche-droite en bas pour lancer une rotation automatique (que vous pouvez arrêter en cliquant sur le bouton central [Spin]). En utilisant des captures d'écran, vous pourriez utiliser ces vues en 3D pour illustrer de la publicité pour votre livre, par exemple. Pour quitter la vue 3D cliquer sur la croix en haut à droite.

2) [Two Page View] : pour afficher le livre (comme il est actuellement, si vous n'avez touché à rien), avec deux pages côte à côte.

3) [One Page View] : pour afficher une seule page à l'écran.

4) [Full Width View] : pour un affichage zoomé, plein écran (nota : patientez quelques secondes pour que l'image soit nette, le temps que toutes les données images arrivent). Vous draguez à la souris pour vous déplacer dans les deux pages contiguës. Par exemple, pour vérifier la qualité d'une illustration. Nous allons voir que cet affichage au zoom, appliqué sur la couverture, va vous permettre d'en obtenir une image haute résolution.

5) [Catalog View] : pour afficher toutes les pages sous la forme de petites images (icones, « thumbnails »).

Vue combinée de l'affichage en 3D du livre.

Avoir une image de la couverture en haute résolution

Si vous vous souvenez, à partir de la page « Cover », vous pouvez obtenir une Full-Size Preview de la couverture. Une fois cette « Preview », soi-disant « pleine-taille », téléchargée (clic droit, « Enregistrer l'image sous… »), vous avez en fait une image au format 908 × 666 pixels et d'une faible résolution à 72 DPI. À partir de l'image zoomée dans le Digital Proofer, vous allez pouvoir obtenir une image de la couverture qui soit vraiment en haute résolution (environ 3000 × 2180 et 300 DPI). Certes, CreateSpace aurait pu proposer la chose dans le Digital Proofer, un bouton du genre « Download a High Resolution Cover Image » (télécharger une image de couverture en haute résolution), mais cela n'existe pas (encore)… Aussi, voici de quelle façon vous pouvez vous procurer cette image haute résolution de la couverture, avec des captures d'écran et Gimp. C'est un peu compliqué, mais comme toujours, avec la volonté et un peu d'attention, on y arrive facilement. Cette image haute résolution est intéressante, car elle vous permettra de réaliser ultérieurement des images illustratives pour la publicité de votre livre et même pour sa déclaration au dépôt légal de la BNF (voir plus loin).

En ayant ouvert Gimp et en ayant cliqué sur le bouton de zoom [Full Width View], dans le Digital Proofer, vous allez procéder ainsi. Attendre un peu que l'image soit bien nette (que tous les pixels aient bien été téléchargés). Puis, en draguant avec la souris, déplacez l'image pour en voir le coin supérieur gauche. Faites alors une capture d'écran (Alt + Imp.écr.). Puis, dans Gimp, vous faites au menu *Édition/Coller comme/Nouvelle image*.

Puis, dans le Digital Proofer, vous glissez l'image de couverture vers le haut en prenant bien garde de repérer les éléments d'image en bordure basse, de façon à positionner l'image avec un léger chevauchement pour la capture suivante. Vous copiez dans Gimp à nouveau. Puis, la même chose pour le bas du dos de la couverture (on ne rit pas !). Puis, glissez l'image vers la gauche et le bas, pour capturer dans Gimp le haut de l'avant de la couverture, puis le milieu, puis le bas. Au final, vous allez obtenir 6 captures d'écran partielles, dans 6 fenêtres de Gimp et il va falloir coller tout ça dans une seule grande image.

Pour cela, dans Gimp, créez une nouvelle image de 3100 × 2200 pixels (*Fichier/Nouvelle image*). Puis, dans chaque capture d'écran, vous allez sélectionner la portion d'image utile (avec l'outil de sélection rectangulaire). Vous copiez-collez cette sélection dans la nouvelle image et vous recommencez la même opération pour les 6 portions d'images, en les ajustant parfaitement les unes aux autres (dans Gimp, il suffit d'appuyer sur les touches + ou - du clavier numérique pour zoomer ou dézoomer). Voir le principe de ce collage multiple sur l'illustration ci-dessous.

Ensuite, vous vous assurez que tous les calques sont fusionnés ou ancrés (menu *Calque/Ancrer le calque* ou *Fusionner vers le bas*). Puis, vous sélectionnez toute la couverture en suivant exactement sa bordure et vous faites un dernier copier-coller comme nouvelle image. Vous vous assurez que cette image fait bien 300 DPI de résolution (*Image/Échelle et taille de l'image…*) et vous l'exportez (*Fichier/Export As…*) au format JPG (par exemple). Et voilà !

Après cette petite parenthèse artistique, revenons à notre Digital Proofer. Et puisque nous sommes en haut à droite de l'écran, jetons un œil sur un éventuel message d'erreur qui pourrait s'afficher dans la colonne de droite. En fait, de ces messages vous n'allez pas tenir compte dans le Digital Proofer, pour la simple et bonne raison que vous les avez déjà pris en compte dans l'Interior Reviewer et que, s'ils persistent ici, c'est que vous en avez décidé ainsi. C'est le cas pour ce présent livre des Éditions Nègrefont, « Childbot mon amour », pour lequel l'image est faussement reconnue par le système de CreateSpace comme à moins de 200 DPI, alors qu'elle est bien à 300 DPI, mais simplement elle comporte des parties volontairement un peu floues. Donc, on n'en tient pas compte ! Passons au menu du bas, à droite.

Tout d'abord trois liens :

1) **[Proofing Tips]** : affiche une page dans laquelle on vous donne des conseils pour réviser votre livre… en anglais ! Étant donné que ce présent livre reprend tous les trucs à faire pour une bonne révision de votre livre, inutile de vouloir traduire ce document.

2) **[Give us feedback]** : pour donner votre avis, quant au Digital Proofing, mais en anglais. Vous n'êtes pas concerné, car vous n'êtes pas censé connaître cette langue.

3) **[Report a bug]** : pour signaler un problème dans le Digital Proofer. Là encore, pas d'anglais, pas de message !

4) **[List]** : pour afficher dans la colonne au-dessus les pages du livre sous la forme d'une liste (plus rapide à télécharger, mais inutile de cliquer, cette fonctionnalité ne fonctionne pas !).

5) **[Thumbnails]** : pour afficher dans la colonne au-dessus les pages du livre sous la forme de vignettes-images (plus long à télécharger et là ça fonctionne !).

Passons aux trois boutons en bas à gauche de l'écran du Digital Proofer. Enfin… Trois boutons ou plus ! Mystère !

1) **[Download a PDF Proof]** : pour vous permettre de télécharger une version PDF de l'épreuve de votre livre. Cette version électronique de votre livre a ceci de particulier qu'elle affiche les pages deux par deux et côte à côte, sur la même page. Cela vous donne une idée du livre tel qu'il sera imprimé et, dans ce PDF (et non

dans celui que vous fabriquez à partir du fichier .doc, .docx ou .odt), les pages sont bien comme dans un livre papier ouvert : page paire à gauche et page impaire à droite.

2) [✔ Approved] : c'est un faux bouton, en fait. En le survolant avec le curseur de la souris, une bulle vous indique à quelle date vous avez approuvé votre livre la dernière fois. Ce bouton est différent si vous devez approuver le livre pour la première fois.

3) [Exit Digital Proofer] : pour quitter le Digital Proofer.

Terminons avec le mystérieux bouton (presque) invisible : voyez-vous ce petit point noir, entouré de blanc, juste au-dessus du bouton [Download a PDF Proof], un peu sur la gauche ? Si vous le survolez à la souris, la bulle affiche [Auto-fix Trim Size], ce qui veut dire corriger ou régler automatiquement le découpage (massicotage) du livre. En cliquant sur ce mini bouton une petite fenêtre s'ouvre qui vous dit que :

« Vous avez choisi 6 ✕ 9 pouces, mais votre fichier est à 0 ✕ 0 pouce. Vous avez une option pour corriger automatiquement votre fichier. Si vous voulez voir comment apparaît votre fichier au format 6 ✕ 9 pouces, vous pouvez choisir de [garder la version originale] et corriger automatiquement ce problème plus tard. »

L'explication est que cette fonctionnalité ne concerne que les fichiers PDF qui ont été soumis à une taille différente (supérieure) à la taille normale du livre. Imaginez que vous ayez fabriqué un livre au format d'impression de 15,24 ✕ 22,86 cm (ce qui correspond à 6 ✕ 9 pouces), mais dans une page au format A4 (21 ✕ 29,7 cm). À ce moment-là vous seriez amené à retailler votre livre à l'intérieur du A4, en 15,24 ✕ 22,86 cm. Cependant, comme vous avez sagement soumis un PDF au bon format, celui du livre réel, tel qu'il sera imprimé, vous n'êtes pas du tout concerné par ce problème. La preuve : on vous dit bien que votre fichier est à « 0 ✕ 0 pouce », ce qui veut dire qu'il n'y a aucun écart entre taille du fichier électronique (PDF) et taille du livre physique, tel qu'il sera imprimé. Ouf !

Après avoir feuilleté et bien révisé votre livre, plus aucune hésitation : **approuvez-le !**

DIFFUSER SON LIVRE

Une fois le livre approuvé par vous-même, vous devez rapidement déterminer ses canaux de distribution au sein d'Amazon dans le monde, fixer son prix et rédiger sa description en tant que produit en ligne. CreateSpace, dans le menu « Distribute » (Distribuer), vous propose ces paramétrages dans cet ordre : [Channels] (les canaux), [Pricing] (les prix) et [Description] (comme son nom l'indique). Or, il s'avère que certains canaux vont dépendre d'une catégorisation du livre à paramétrer dans la Description ; et ensuite, que les prix du livre vont aussi dépendre des canaux sélectionnés. La conclusion s'impose, nous ferons dans cet ordre : la description, les canaux et les prix.

La description du livre

Après avoir cliqué sur le lien [Description], s'affiche la page qui va vous permettre de décrire votre livre. Bien entendu, vous feriez bien de ne pas rédiger la description ici. Vous devez le faire dans un traitement de texte (avec correcteur orthographique) et prendre tout votre temps. Surfez un peu sur Amazon pour voir le type de descriptions qui font vendre. Vous devez prévoir trois éléments descriptifs :

Description How do I use this page?　　　　　　　　　◀ Back　　Next ▶

Mon premier livre
By Paul Dupont

Description *
What's this?

Maximum 4000 characters · 4000 characters remaining
Advanced users can use limited HTML instead of plain text to style and
format their description

BISAC Category *
What's this?

Choose...

➔ **Enter a BISAC code**

Additional Information (optional)
Add more information about your book, including an author biography, book language, and more, which will appear in
certain sales channels.

Author Biography　　　Add
What's this?

Book Language　　　　French　　　　　　　　　　▼
What's this?

Country of Publication　Choose one　　　　　　　　　▼
What's this?

Search Keywords
What's this?

Contains Adult Content　☐
What's this?

Large Print　　　　　　☐
What's this?

Save　　Save & Continue

1) la quatrième de couverture : cela, vous l'avez déjà. Vous pouvez reprendre tel quel le texte qui est au dos de la couverture du livre ou le modifier un peu. Peut-être l'allonger, puisque vous en avez la possibilité, avec un maximum de 4000 caractères, mais pas trop, pour ne pas lasser le lecteur dès la description.

2) la présentation de l'éditeur : bien sûr, l'éditeur c'est vous, mais qu'à cela ne tienne. En consacrant un petit paragraphe ainsi intitulé, cela scande l'information, lui donne une structure. Justement, ce que vous voudriez ajouter à la description en quatrième de couverture, mettez-le dans cette partie concernant l'éditeur. Ayez un regard sur le livre comme de l'extérieur et un peu technique, comme si ce n'était pas vous qui l'aviez écrit, mais que vous soyez très au courant du comment l'auteur l'a écrit.

3) la biographie de l'auteur : c'est facultatif, mais cela intéresse certains lecteurs d'avoir quelques informations sur l'auteur. Vous n'êtes pas obligé d'écrire votre vie (vous êtes limité à 2500 caractères), aussi sélectionnez les informations pertinentes par rapport à votre livre, ce qu'il contient. Si c'est une expérience vécue, une expérience de vie, évoquez-le ici, cela fera plus authentique. Le fait que vous publiez sous pseudonyme, le cas échéant, ne vous empêche pas d'écrire une petite bio, plus ou moins imaginaire, saupoudrée de réalité, à votre gré. Tout est possible !

Commençons par la description proprement dite, dans le premier champ de saisi en haut. Pour être plus à votre aise, je vous signale (si vous ne le savez pas encore), que dans tous les navigateurs modernes, vous avez la possibilité d'agrandir un champ de saisie multiligne. Pour ce faire, placez le curseur de la souris dans l'angle en bas à droite du champ (là où l'on voit comme des petits crampons) et draguez à la souris pour agrandir le champ à la taille voulue.

Donc, si vous avez suivi mon conseil, vous allez copier-coller le texte rédigé sous traitement de texte dans ce champ. Vous pouvez utiliser des balises du langage HTML pour formater ce texte (qui contient la description de quatrième de couverture et la présentation de l'éditeur – pas la biographie qui sera collée ailleurs). Non seulement vous pouvez, mais vous devez utiliser ces balises HTML pour avoir un résultat professionnel. Vous allez voir, c'est très simple.

Advanced: Using HTML in your Descriptions   close [x]

While plain text is the preferred format for your description, you can add style and formatting to the description that appears in your selected Sales Channels by using HTML tags. You'll need to use HTML tags to format your description to include any paragraph and line-breaks.

Our customer service team is unable to help with writing HTML. If you get stuck, you should consider a plain text description.

Allowed Tags

Text Style Tags	Formatting Tags
`<b>` or `<strong>`	`<p>`
`<i>` or `<em>`	` `
`<font>` (align, color, and face)	`<ol>`, `<ul>`, and `<li>`
`<pre>`	
`<s>` or `<strike>`	
`<sub>`	
`<sup>`	
`<u>`	

Other Tags

Any other tags may not be used in the description field.

Cliquez tout d'abord sur le lien [use limited HTML], limité, car les balises HTML sont très nombreuses et nous n'en utiliserons que fort peu (les plus basiques) ici. Une fenêtre popup s'affiche (voir ci-dessus), qui vous donne quelques explications. Je vais vous les traduire, avec en plus des exemples. La fenêtre vous dit que :

« Alors que le pur (simple) texte est le format préféré pour la description, vous pouvez ajouter un style et formater la description qui apparaît dans les canaux (de vente), en utilisant des balises HTML. Vous devez utiliser de telles balises pour formater votre description, pour inclure des paragraphes et des retours à la ligne.

« Notre service client est incapable de vous aider pour utiliser ces balises (heureusement que je suis là !). Si vous avez un problème, alors contentez-vous d'un simple texte. Balises autorisées (ce qui veut dire que toutes les autres balises HTML ne sont pas utilisables) : »

Balises de formatage de texte

Balise	Fonction	Exemples
\<b\> ou \<strong\>	Texte en gras	Voici un exemple \<b\>tout\</b\> simple. Voici un exemple **tout** simple.
\<i\> ou \<em\>	Texte en italique	Voici un exemple \<i\>tout\</i\> simple. Voici un exemple *tout* simple.
\<font\> (align, color et face)	Paramétrer la police de caractère	\<font color=grey face=arial\>Voici un exemple tout simple.\</font\> Voici un exemple tout simple.
\<pre\>	Caractères type machine à écrire	\<pre\>Voici un exemple tout simple.\</pre\> Voici un exemple tout simple.
\<s\> ou \<strike\>	Texte barré	Voici un exemple \<s\>tout\</s\> simple. Voici un exemple ~~tout~~ simple.
\<sub\>	Texte en indice	Voici un exemple \<sub\>tout\</sub\> simple. Voici un exemple $_{tout}$ simple.
\<sup\>	Texte en exposant	Voici un exemple \<sup\>tout\</sup\> simple. Voici un exemple ^{tout} simple.

<u>	Texte souligné	Voici un exemple <u>tout</u> simple. Voici un exemple <u>tout</u> simple.

Balises de formatage de paragraphe

Balise	Fonction	Exemple
<p>	Délimite un paragraphe	<p>Voici un exemple tout simple de paragraphe.</p><p>Et un second exemple tout aussi simple de paragraphe.</p> Voici un exemple tout simple de paragraphe. Et un second exemple tout aussi simple de paragraphe.
 	Saute une ligne	Voici un exemple tout simple de paragraphe. Et un second exemple tout aussi simple de paragraphe. Voici un exemple tout simple de paragraphe. Et un second exemple tout aussi simple de paragraphe.
<ol>, <ul> et <li>	Listes ordonnées, non ordonnées et leurs éléments	<ol> <li> Rouge <li> Vert <li> Jaune </ol> 1. Rouge 2. Vert 3. Jaune <ul> <li> Rouge <li> Vert <li> Jaune </ul> • Rouge • Vert • Jaune

Pour comprendre les exemples donnés : en haut le « code » entré dans le champ de saisi de la page description chez CreateSpace et, au-dessous, ce que verrons vos clients sur le site Amazon. Ainsi, pour produire un texte en gras, mettre en gras le mot « tout » dans la phrase : « Voici un exemple tout simple. », vous écrivez le code : « Voici un exemple <b>tout</b> simple. », ce qui donnera la phrase : « Voici un exemple **tout** simple. » (tout est en gras).

Une balise HTML est donc un code écrit entre les deux caractères < et >. Chaque balise comporte sa contre-balise, ce qui est normal, puisqu'il faut bien indiquer au navigateur à quel endroit commence le formatage, mais aussi, à quel endroit il se termine. Par exemple, pour la balise qui produit le texte en gras, la balise est <b> et la contre-balise est </b> et tout le texte contenu entre ces deux balises sera mis en gras, tandis que les balises elles-mêmes ne seront en aucune façon affichées, elles sont invisibles.

Quelques précisions. Pour la balise <font>, qui paramètre la police de caractère utilisée dans le texte, il y a deux paramètres (nota : le paramètre « align » proposé est une erreur, cela n'existe pas à ma connaissance) : « color » (la couleur du texte) et « face » qui indique la police utilisée (arial, times new roman, garamond, etc.), comme dans un traitement de texte. Pour la couleur, voici deux pages internet[61] pour obtenir des codes, soit en texte (par exemple : grey, red, black…), soit en hexadécimal (par exemple : #3B50BA, #000000…). Un conseil : ne mettez pas de couleur autre que le noir, sauf cas très spécial, pour la description de votre livre.

L'autre paramètre concerne la police de caractère utilisée. Là encore, seules les polices standards fonctionneront (arial, verdana, sans-serif) et c'est tout. Mais, un autre conseil : n'utilisez pas de police spéciale, sauf cas très spécial, pour la description de votre livre.

En conclusion, n'allez pas saloper la page Amazon de présentation de votre livre avec des couleurs et des polices bizarres. En conclusion, n'utilisez pas la balise <font> ! Laissez tels quels les paramétrages par défaut du site Amazon.

La balise <pre> permet d'afficher les espaces et les tabulations, tels quels, espaces et tabulations ignorés sans la balise <pre>. Par exemple : « Voici un exemple   tout simple » (il y a trois espaces de tabulation entre « exemple » et « tout »). En HTML ce texte s'affichera ainsi : « Voici un exemple tout simple », comme si les tabulations n'existaient pas. Par contre, si vous codez avec <pre> :

---

[61] http://html-color-codes.info/Codes-couleur-HTML

http://www.letoileauxsecrets.fr/couleurs/couleurs-web.html

« <pre>Voici un exemple   tout simple</pre> », alors, à l'affichage, vous verrez bien les espaces de tabulation : « Voici un exemple   tout simple ». La balise <pre> est utilisée, entre autres, pour faire des tableaux.

Attention <pre> fait aussi bien d'autres choses : il transforme les caractères en type « Courier » avec une taille fixe et des espaces identiques entre les lettres (comme tapé à la machine à écrire) et il respecte les sauts à la ligne. Vous pouvez mettre une balise <font> à l'intérieur d'une balise <pre>. Exemples :

(1) Code :
Voici un tableau :

Fruit	Couleur	Forme
Banane	Jaune	Allongée
Orange	Orange	Ronde
Pomme	Verte	Ronde

(1) Résultat à l'affichage :
Voici un tableau : Fruit Couleur Forme Banane Jaune Allongée Orange Orange Ronde Pomme Verte Ronde

(2) Code :
<pre>Voici un tableau :

Fruit	Couleur	Forme
Banane	Jaune	Allongée
Orange	Orange	Ronde
Pomme	Verte	Ronde</pre>

(2) Résultat à l'affichage :
```
Voici un tableau :
Fruit           Couleur         Forme
Banane          Jaune           Allongée
Orange          Orange          Ronde
Pomme           Verte           Ronde
```

(3) Code :
<pre><font face=Times>Voici un tableau :

Fruit	Couleur	Forme
Banane	Jaune	Allongée
Orange	Orange	Ronde
Pomme	Verte	Ronde</font></pre>

(3) Résultat à l'affichage :

Voici un tableau :

Fruit	Couleur	Forme
Banane	Jaune	Allongée
Orange	Orange	Ronde
Pomme	Verte	Ronde

Vous voyez qu'en (1), sans la balise <pre>, tout s'affiche à la suite, sans respecter ni les tabulations ni les retours à la ligne.

En (2), avec la balise <pre>, tabulations et retours à la ligne sont respectés. Par contre, la police de caractère devient « Courier ».

En (3), en ajoutant, à l'intérieur de la balise <pre>, une balise <font> qui est paramétrée avec une police (face) « Times », le texte est affiché avec cette police de caractère.

Mais, en conclusion, sauf si vraiment vous aviez besoin de réaliser quelques « tableaux » pour la présentation de votre livre, la balise <pre> n'a pas à être utilisée.

De même, concernant le formatage des paragraphes, la balise <p> n'est guère utile, dans la mesure où la balise
 (qui n'a pas de contre-balise) produit autant de sauts de ligne que l'on veut.

Enfin, pour les listes à puces ou numérotées, dans notre tableau, le code est à gauche et le résultat affiché est à droite. Vous aurez compris que <ol> (ordered list = liste ordonnée) affiche une numérotation, tandis que <ul> (unordered list = liste non-ordonnée), affiche des puces. La balise <li>, quant à elle, défini chaque ligne de la liste (on pourrait mettre une contre balise </li> en fin de chaque ligne, mais c'est facultatif, car le saut de ligne sera pris en compte). Si vous voulez mettre la table des matières de votre livre sur Amazon, ces balises peuvent vous être utiles (en fait, ce n'est guère utile depuis qu'il existe la fonction feuilletage dans Amazon, qui permet à l'internaute de feuilleter votre livre et d'y voir, notamment, la table des matières).

Passons à ce que vous pouvez raisonnablement faire pour la description de votre livre et, pour cela, prenons un exemple concret, avec toujours notre ouvrage « Childbot mon amour ». La description, dans le champ de saisie de la page « Description », est la suivante :

Des <i>childbots</i>, des enfants robots, plus vrais que nature et qui demandent tout simplement qu'on les aime... Un couple qui se déchire à mort par emails, des extraterrestres qui envahissent notre planète par internet, des mondes virtuels où tous nos rêves peuvent se réaliser, une France islamisée où l'on discute du mariage des fillettes avant l'âge de 9 ans, où se tient à Paris le 23e <em>Female Technology Show</em>, le salon international des technologies d'élevage des femelles... Et bien d'autres nouvelles décapantes !

<b> Présentation de l'éditeur :</b> Au travers de ses quatorze nouvelles, Anna Coreisan nous invite agréablement à de multiples réflexions sur le monde, l'humain et des choses aussi sérieuses que l'amour, la sexualité, le machisme, mais encore le bien trop universel et intriguant penchant sexuel envers les enfants. Maniant avec brio la satire, la caricature et le second degré, Anna Coreisan dérange, nous appelle à sortir de nos ornières, à nous remettre en question. On a là un livre découverte, exploratoire, des mondes virtuels et du monde qui est le nôtre.

L'affichage sur la page Amazon[62] donne ceci :

Des *childbots*, des enfants robots, plus vrais que nature et qui demandent tout simplement qu'on les aime... Un couple qui se déchire à mort par emails, des extraterrestres qui envahissent notre planète par internet, des mondes virtuels où tous nos rêves peuvent se réaliser, une France islamisée où l'on discute du mariage des fillettes avant l'âge de 9 ans, où se tient à Paris le 23e *Female Technology Show*, le salon international des technologies d'élevage des femelles... Et bien d'autres nouvelles décapantes !

Présentation de l'éditeur : Au travers de ses quatorze nouvelles, Anna Coreisan nous invite agréablement à de multiples réflexions sur le monde, l'humain et des choses aussi

---

[62]   http://www.amazon.fr/dp/1511598204

sérieuses que l'amour, la sexualité, le machisme, mais encore le bien trop universel et intriguant penchant sexuel envers les enfants. Maniant avec brio la satire, la caricature et le second degré, Anna Coreisan dérange, nous appelle à sortir de nos ornières, à nous remettre en question. On a là un livre découverte, exploratoire, des mondes virtuels et du monde qui est le nôtre.

Nous nous sommes contenté d'utiliser les balises : <i> pour mettre en italiques des mots anglais (*childbot*, *Female Technology Show*), <b> pour mettre en gras « Présentation de l'éditeur : » et <br>, deux à la suite, pour insérer une ligne vide entre la description proprement dite et la présentation de l'éditeur. Et c'est tout ! Inutile de faire plus compliqué, car l'expérience de l'internaute qui lit la description de votre livre est une expérience très brève, qui n'a pas besoin de fioritures.

Ensuite, la « BISAC Category », qu'il vous faut choisir (certains canaux de distribution ne sont pas accessibles sans cette catégorisation de votre livre). « BISAC » signifie « Book Industry Standards and Communications » (standards et communication de l'industrie du livre). Ses catégories sont utilisées par l'industrie de la vente des livres pour aider à identifier et regrouper les livres suivant le thème de leur contenu. Ici, vous allez cliquer sur le bouton [Choose] (Choisir) et sélectionner la catégorie et éventuellement sous-catégorie qui correspond(ent) au mieux au contenu de votre livre. Même si les mots en anglais utilisés sont simples à comprendre, vous pourriez être amené à utiliser un dictionnaire anglais-français pour certains d'entre eux.[63] Pour « Childbot mon amour », nous avons sélectionné les catégories : « Literary Criticism/Science Fiction & Fantasy ».

Passons aux « Additional Information » (informations supplémentaires). Pour afficher une biographie de l'auteur, cliquez sur le bouton [Add]. Un nouveau champ de saisie s'affiche, dans lequel vous copiez-collez votre bio d'auteur (ou pseudonyme). Celle d'Anna Coreisan, auteur de « Childbot mon amour » est la suivante :

---

[63] Désolé, je ne me voyais pas traduire tout le BISAC dans ce livre. Vous pouvez aussi utiliser un outil de traduction en ligne, comme celui de Google : http://www.google.com/translate_t?hl=fr

Fille d'un diplomate coréen et d'une danseuse de ballet d'origine russe, Anna Coreisan, après le divorce de ses parents, a longtemps vécu en France, où elle a étudié les lettres modernes, la philosophie orientale et l'anthropologie. S'essayant à différentes formes d'expression artistique, Anna Coreisan a fini par trouver sa voie dans l'écriture.

Vous pouvez constater qu'il s'agit d'un simple texte, sans aucune balise HTML (je ne suis pas certain que l'on puisse les utiliser dans ce champ). Ensuite, renseignez la langue du livre (« Book Language ») (« French » doit être présélectionné). Le pays d'édition (« Country of Publication »), sans doute « France ». Entrez jusqu'à 5 mots clés (« Search Keywords »), séparés par une virgule, qui serviront à cibler votre livre lorsque les internautes font une recherche dans le site Amazon ou dans un moteur de recherche (comme Google). Pour « Childbot mon amour », nous avons mis : « robot,science-fiction, monde virtuel,satire,caricature ».

Cliquez éventuellement les cases « Contains Adult Content », seulement si votre livre contient des images à ne pas montrer aux enfants (votre livre ne sera pas visible partout sur Amazon...) ; et « Large Print », si avez fait un livre à l'intention des malvoyants avec de **très gros caractères** (à partir d'une taille de 16, votre livre sera classé spécialement pour les malvoyants, mais aussi partout ailleurs). Vérifiez l'ensemble de la description de votre premier livre une dernière fois et cliquez sur le bouton [Save] pour passer aux canaux de distribution.

Les canaux de distribution

La page des canaux de distribution (« Channels ») comporte deux parties (voir l'illustration ci-après) : la distribution standard (« Standard Distribution »), gratuite ; et la distribution étendue (« Expanded Distribution »), elle aussi gratuite. Dans la distribution standard, il y a trois canaux :

- **Amazon.com :** qui touche des millions de clients d'Amazon aux États-Unis, mais aussi dans de nombreux pays qui n'ont pas un site Amazon dédié.

- **Amazon Europe** : qui concerne encore des millions de clients potentiels, votre livre étant disponible sur les sites européens d'Amazon : Amazon.co.uk (Royaume-Uni), Amazon.de (Allemagne), Amazon.fr (France), Amazon.it (Italie) et Amazon.es (Espagne).
- **CreateSpace eStore** : il s'agit d'une page en ligne, dédiée à votre livre (il y est vendu en dollars US et imprimé aux États-Unis) et présente les mêmes services de vente et distribution que les sites Amazon.

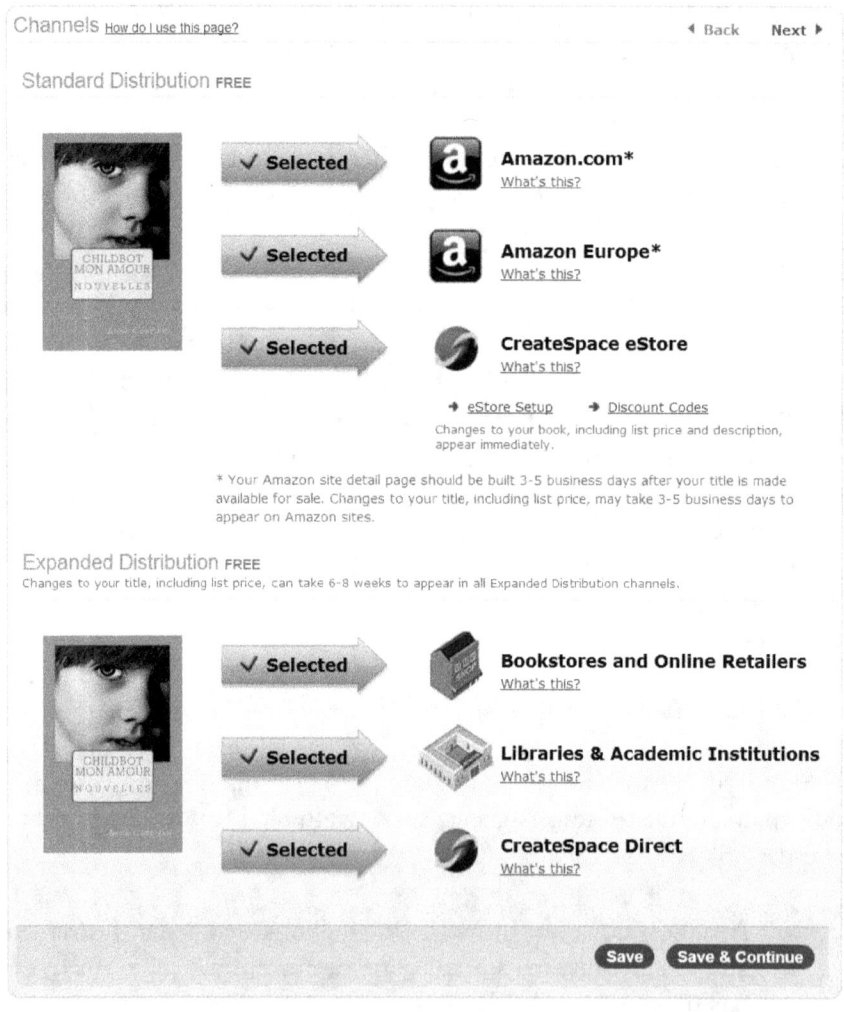

Notez que pour Amazon.com et Europe, la mise en place de la page de vente sur internet demande un délai de 3-5 jours. Il en est de même en cas de modification du livre. Dans le eStore la mise en place ou la modification sont immédiates.

Bien que le eStore, pour un livre publié en français, n'ait que peu d'intérêt, vous pouvez vous amuser à le paramétrer, en cliquant sur le lien [eStore Setup] (paramétrage du eStore). Ce qui vous donne la page suivante :

En première ligne, on vous fournit le lien vers la page du eStore. Cette page existe déjà (si votre livre est approuvé), sous une présentation standard, sans personnalisation. Cliquez sur le lien et vous verrez le eStore s'ouvrir dans un nouvel onglet. Pour les régions de vente (« Sales Region »), laissez la sélection à « US and international sales » (États-Unis et ventes internationales). Pour « Banner Image » (image de bannière, c'est-à-dire une image en haut de la page du eStore), vous pouvez faire une image au format 760 × 75 pixels, tirée d'une portion de la couverture du livre ou autre image inspirante et en rapport (ici 72 DPI sont suffisants pour l'affichage en ligne, d'autant que l'image ne doit pas dépasser les 100KB en « poids »). Cliquez sur [Browse] pour envoyer cette image.

Pour « Continue Shopping URL », il s'agit du site internet vers lequel sera renvoyé votre client une fois l'achat du livre effectué. Si vous avez deux livres en vente, vous pourriez mettre l'adresse internet du second… « Continue Shopping Text » est le petit texte du lien vers ce site de renvoi. « Title Access Password » est la possibilité de définir un mot de passe qui va bloquer l'accès à cette page du eStore, sauf pour ceux auxquels vous aurez envoyé le mot de passe. Cela pour un livre confidentiel que vous ne voudriez vendre qu'à quelques personnes choisies… Enfin, « Custom Colors » (couleurs personnalisées) qui, lorsque vous cliquez sur le bouton [Use Custom Colors], va vous permettre de définir :

- une couleur de fond (« eStore Background ») ;
- une image de fond (« Image ») ;
- une couleur de texte (eStore Text Color ») ;
- une couleur d'en-tête (eStore Headline Color ») ;
- une couleur de lien (eStore Link Color »).

Pour chaque couleur, vous avez le choix entre une couleur standard au choix ou un code de couleur HTML (voir plus haut les liens pour des codes couleur dans le texte de description). Si vous insérez une image de fond, elle ne doit pas faire plus de 100KB. Cliquez sur [Save & Continue] pour enregistrer ces paramétrages du eStore.

Dans la distribution étendue, il y a aussi trois canaux :

- **Bookstores and Online Retailers :** en sélectionnant ce canal, votre livre sera disponible chez des milliers de vendeurs et détaillants de livres, en ligne et en magasin physiques, ce qui agrandira d'autant l'audience potentielle pour votre produit.
- **Libraries & Academic Institutions :** en sélectionnant ce canal, votre livre sera disponible dans les bibliothèques publiques, les bibliothèques des écoles élémentaires et secondaires et dans les bibliothèques d'autres institutions académiques.
- **CreateSpace Direct :** en sélectionnant ce canal, votre livre sera disponible chez des revendeurs certifiés, comme les vendeurs et revendeurs de livres indépendants. Le programme « CreateSpace Direct » permet aux revendeurs

reconnus d'acheter des livres à un prix de gros directement chez CreateSpace (et de les revendre avec un petit bénéfice…).

Autant vous dire qu'en ce qui concerne la « distribution étendue », qui touche surtout et essentiellement les vendeurs, revendeurs et bibliothèques états-uniennes, votre livre en français risque fort de n'être que très peu sollicité. Cependant, comme la distribution étendue, ainsi que la distribution standard sont assurées gratuitement, on ne va pas s'en priver ! Aussi, mon conseil, cliquez sur les 6 boutons (attention les trois premiers de la distribution standard sont déjà sélectionnés). Cliquez ensuite sur le bouton [Save] pour passer à l'établissement des prix de vente. Concernant les délais, pour la distribution étendue, il faut compter entre 6-8 semaines pour que les informations soient diffusées ou mises à jour dans tous les canaux de distribution.

Les prix du livre

La page « Pricing » (tarif) va vous permettre d'établir les prix de votre livre. « Les » prix, car vous allez établir trois tarifications en fonction du lieu de fabrication :

- **En dollars américains (USD)** : pour une fabrication aux États-Unis, pour les canaux d'Amazon.com, du CreateSpace eStore et de la distribution étendue (aux États-Unis, cela va sans dire).
- **En livres anglaises (GBP)** : pour une fabrication en Grande-Bretagne, pour les canaux de distribution d'Amazon Europe.
- **En euros (EUR)** : pour une fabrication en Allemagne, pour les canaux de distribution d'Amazon Europe.

Selon notre expérience, pour un livre en français comme le vôtre, la grande majorité des ventes se font en GBP, secondairement en EUR et très secondairement en USD. En fait, votre livre se vendra surtout en France, dont les livres sont fabriqués en Grande-

Bretagne.[64] Comme cela est écrit en haut de page : les royalties sont calculées pour chaque canal de distribution et lieux de fabrication.

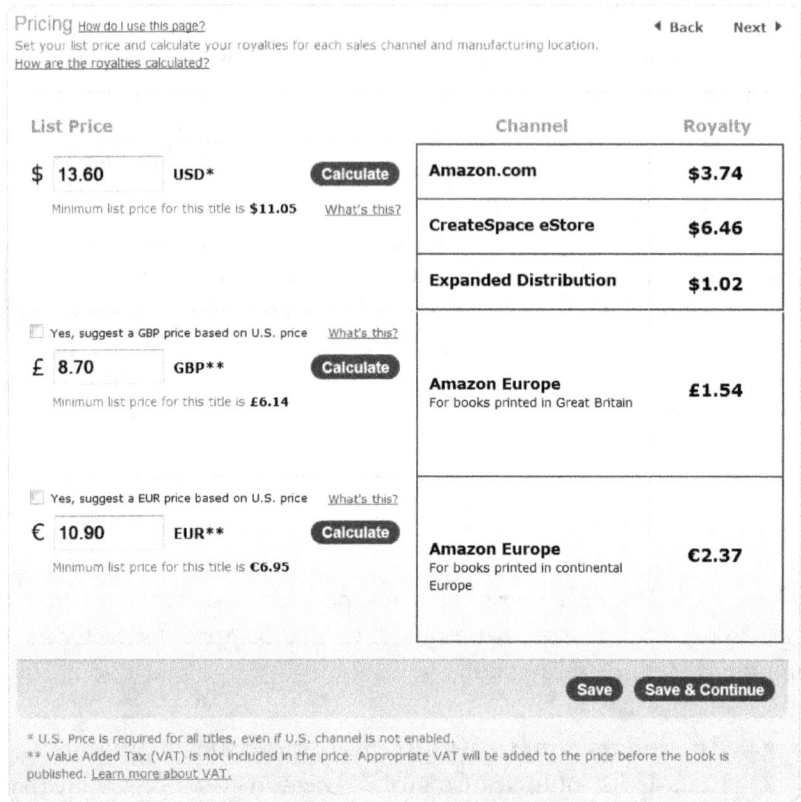

Vous remarquerez que pour chacun des trois prix, il est mentionné un prix de vente minimum (« minimum list price »). Dans l'exemple ci-dessus, ce prix minimum est de 11,05 USD, de 6,14 GBP et de 6,95 EUR, cela pour un livre de 298 pages.

Ce prix de vente minimum est basé sur les coûts de fabrication et de distribution du livre, en fonction des canaux de vente que vous avez sélectionnés. Cela veut dire que ce prix minimum peut varier à la hausse ou à la baisse en fonction des canaux sélectionnés. Par

---

[64] Information à mettre à jour, car depuis 2016 et l'apparition d'une impression des livres en Pologne, la majorité des livres français se vendent en euros. Situation qui pourra encore changer, nous n'en doutons pas…

exemple, la distribution étendue (« Expanded Distribution ») et Amazon.com ont tendance à augmenter le prix minimum.

Pour mieux comprendre, je vous propose l'expérience suivante : dans un onglet de votre navigateur, vous allez ouvrir la page « Channels » et dans un autre onglet vous ouvrirez la page « Pricing » de votre livre. Puis, vous allez désélectionner tous les canaux dans « Channels », sauf un et, dans la page « Pricing » vous allez faire touche *F5* pour rafraîchir la page qui va se recharger en prenant en compte la nouvelle sélection de canaux. Vous notez les prix minimums et vous recommencez la même expérience en changeant et combinant différemment les canaux sélectionnés. La conclusion de toute cette histoire c'est s'il vaut bien la peine de voir le prix minimum augmenter avec les canaux de la distribution étendue et celui d'Amazon.com, pour un livre en français qui, finalement, ne se vendra qu'en France et les pays francophones d'Europe (Belgique, Luxembourg, Suisse) ? C'est vous qui voyez ! (mais n'oubliez pas le Canada francophone et phile !). Car, ne l'oubliez pas : **le prix de vente que vous allez établir pour votre livre ne peut être inférieur au prix minimum de fabrication-distribution**. S'il est égal à ce prix vous ne gagnerez rien. Vos royalties seront calculées à partir du montant qui dépasse le prix minimum.

Je suis certain que, soit vous êtes bon en calcul mental, soit vous allez vous précipiter sur votre calculette, pour constater que : 13,60 moins 11,05 cela ne fait pas ni 3,74, ni 6,46, ni encore moins 1,02, mais 2,55 $. Où est l'erreur ? Il n'y a pas d'erreur, mais simplement un logiciel de calcul des royalties qui va vous être expliqué plus loin.

En tout cas, notez bien une chose : quelle que soit votre décision quant aux choix des canaux de distribution, et même si vous ne sélectionnez pas Amazon.com (les USA), vous devez toujours donner un prix de base en dollars américains. Donc, l'opération est simple : lancez-vous ! Entrez un prix en USD, supérieur au « minimum list price » indiqué, et cliquez sur le bouton [Calculate] (Calculer !).

Presque aussitôt s'affichent les différentes royalties pour chaque canal sélectionné et deux tarifs « suggérés » en GBP et EUR, le cas échéant. Le mécanisme de prix suggéré est destiné à vous aider à déterminer un prix de vente, comparable au prix en dollars US, pour la livre anglaise et les euros d'Europe. Cependant, vous pouvez, si vous le souhaitez, modifier cette suggestion en décochant la case « Yes, suggest... ». À ce moment-là, entrez votre prix en GBP ou

EUR selon votre désir et, là encore, cliquez sur le bouton [Calculate] pour afficher les nouvelles royalties pour l'Europe. Il vous est recommandé de tenir compte des niveaux de vie des pays visés pour fixer votre prix. Évitez de trop grands écarts entre les différents canaux. Il est préférable que les prix soient, en fait, à peu près équivalents. Vous constaterez que c'est ce que nous avons fait pour le livre donné ici en exemple : nous avons légèrement modifié les prix européens pour faire des arrondis.

Une dernière remarque : si vous fixez vous-mêmes le prix, il restera fixe et ne bougera pas en fonction du cours des changes des monnaies. Par contre, le prix suggéré varie en fonction de ce cours, en se basant sur le taux de change moyen au cours des 7 derniers jours.

Pensez à relire ce que nous vous avons expliqué au début de ce livre quant aux principes d'établissement du prix de vente : un livre le moins cher possible à la fabrication, un prix de vente le plus raisonnable possible, mais un bon taux de royalties pour vous. Cela s'appelle un compromis !

Comprendre le calcul des royalties

Voici un aperçu de ce que vous devez savoir sur la façon dont les royalties sont calculées. Vous gagnez des royalties chaque fois qu'un livre est imprimé pour satisfaire une nouvelle commande de la part d'un client Amazon ou de votre eStore de CreateSpace ou d'un canal de distribution étendue, le cas échéant. Les royalties sont calculées sur la base du prix de vente que vous avez défini pour chaque lieu d'impression (de fabrication : États-Unis, Grande-Bretagne ou Europe continentale). Amazon-CreateSpace prend sa part au passage. Part qui est composée d'un pourcentage du prix de vente selon le canal de vente, plus les frais fixes et frais par page suivant le lieu de fabrication, ce qui reste correspond aux royalties que vous allez toucher.

Donc, en résumé, les royalties sont égales aux prix de vente que vous avez fixé moins la part d'Amazon-CreateSpace. CreateSpace vous offre même un outil en ligne afin de pouvoir calculer une estimation de vos royalties.[65] En bas de page (voir illustration ci-

---

[65] https://goo.gl/YSFCwI

après), vous trouverez des options à sélectionner et des prix de vente à renseigner pour obtenir, en cliquant sur les boutons [Calculate] une estimation de vos royalties.

Par exemple, considérons un livre très « classique » : le contenu (Interior) est en noir et blanc (« Black and White »), le format est à 6 × 9 pouces et le nombre de pages est de 150. Vous allez fixer, par exemple, un prix à 8 USD. Cliquez sur le bouton de calcul…

Royalty Calculator*
Use the royalty calculator to figure out how much you'll make every time your book is manufactured.

Print Options				
Interior Type	Black and White ▾	Number of Pages	150	
Trim Size	6" x 9" ▾			

List Price		Channel	Royalty
		Amazon.com	$2.15
USD $ 8	Calculate	eStore	$3.75
		Expanded Distribution	$0.55
☑ Yes, suggest GBP price based on the U.S. price		Amazon Europe	
GBP £ 5.16	Calculate	For books printed in Great Britain	£0.89
☑ Yes, suggest EUR price based on the U.S. price		Amazon Europe	
EUR € 7.09	Calculate	For books printed in continental Europe	€1.85

* Figures generated by this tool are for estimation purposes only. Your actual royalty will be calculated when you set up your book.

Aussitôt, les prix suggérés pour la Grande-Bretagne (en livres anglaises) et l'Europe continentale (en euros) s'affichent, ainsi que tous les montants estimés de royalties selon chaque canal de distribution. Avant même de trop avancer dans le formatage de votre livre, cet outil peut vous être utile pour décider de choix marketing décisifs. En partant du même exemple, essayez de sélectionner « Full Color » pour l'Interior,[66] vous allez être surpris ! Hé, oui ! Pour un prix de base de 8,00 USD, toutes les royalties passent en négatif. La conclusion qui s'impose est que vous ne pourrez pas vendre un livre

---

[66] Les options de couleurs sont : « Black and White » (Blanc et noir) ; « Black and White with bleed » (Blanc et noir imprimé jusqu'au bord de la feuille) ; « Full Color » (Pleine couleur) ; « Full Color with bleed » (Pleine couleur imprimé jusqu'au bord de la feuille).

en 6 × 9 pouces, de 150 pages et imprimé en couleur, à 8,00 dollars US. Faites l'essai : vous ne commencerez à avoir du bénéfice qu'à partir de 20 dollars (et encore, pas dans la distribution étendue).

De la même façon, vous pourriez jouer sur le format ou sur le nombre de pages en choisissant une police de caractères plus petite ou plus grande, afin d'ajuster vos royalties. Sans compter, comme nous l'avons vu plus haut, que choisir ou renoncer à certains canaux de distribution peut aussi avoir un impact considérable sur le coût de fabrication-distribution et influencer vos royalties.

Examinons un premier scénario, avec un ouvrage de 184 pages, blanc et noir au prix de vente de **8,99 USD**, acheté par un client québécois (l'ouvrage sera donc fabriqué aux États-Unis), ce qui va donner : pourcentage pour le canal de distribution (Amazon.com) = 3,60 USD (40 %) ; charge fixe = 0,85 USD ; charge par page = 2,20 USD (soit 0,012 USD la page) ; vos royalties = **2,34 USD (2,08 EUR)**.[67]

Examinons un second scénario, avec un ouvrage de 184 pages, blanc et noir au prix de vente de **6,99 EUR**, acheté par un client français (l'ouvrage sera donc fabriqué en Grande-Bretagne), ce qui va donner : pourcentage pour le canal de distribution (Amazon.fr) = 2,80 EUR (40 %) ; charge fixe = 0,60 EUR ; charge par page = 2,20 EUR (soit 0,012 EUR la page) ; vos royalties = **1,39 EUR**.

Pour chaque vente de livre, la part d'Amazon-CreateSpace est composée de : pourcentage du canal de distribution + charge fixe + charge par page. Les pourcentages (calculés sur le prix de vente que vous avez fixé) rattachés aux canaux de distribution sont les suivants :

- Distribution standard – Amazon.com : **40 %**
- Distribution standard – Amazon Europe : **40 %**
- Distribution standard – CreateSpace eStore : **20 %**
- Distribution étendue : **60 %**[68]

---

[67] Au moment de la réalisation de ce livre, au printemps 2015.

[68] Veuillez noter qu'en de rares occasions, Amazon.com ou Amazon Europe peuvent prendre en compte une commande passée dans le cadre de la distribution étendue. Dans cas, vos royalties seront calculées sur un taux de base de 60 % et non le taux réduit à 40 %. Ce cas de figure ne s'applique

Concernant les charges fixes, elles vont dépendre à la fois du nombre de pages (barème à deux tranches) et de la technique d'impression en blanc et noir ou en couleur. Les voici :

Amazon.com, CreateSpace eStore et distribution étendue
- Blanc et noir de 24 à 108 pages : 2,15 USD / livre
- Blanc et noir de 110 à 828 pages : 0,85 USD / livre
- Couleur de 24 à 40 pages : 3,65 USD / livre
- Couleur de 42 à 500 pages : 0,85 USD / livre[69]

Amazon Europe
- Livres imprimés en Grande-Bretagne : 0,70 GBP / livre
- Livres imprimés en Europe continentale : 0,60 EUR / livre

Concernant les charges par page (le multiplicateur est le nombre exact de pages du livre), elles dépendent, en plus du nombre de pages, de la technique d'impression en blanc et noir ou en couleur. Les voici :

Amazon.com, CreateSpace eStore et distribution étendue
- Blanc et noir de 24 à 108 pages : aucune
- Blanc et noir de 110 à 828 pages : 0,012 USD / page
- Couleur de 24 à 40 pages : aucune
- Couleur de 42 à 500 pages : 0,07 USD / page[65]

Amazon Europe
- Blanc et noir imprimé en Grande-Bretagne : 0,01 GBP / page
- Couleur imprimé en Grande-Bretagne : 0,045 GBP / page
- Blanc et noir imprimé en Europe continentale : 0,012 EUR / page
- Couleur imprimé en Europe continentale : 0,06 EUR / page

---

pas aux revendeurs tiers ou du Marketplace d'Amazon. Notez encore que les ventes réalisées au travers du canal de distribution étendue peuvent mettre jusqu'à un mois et demi avant d'apparaître dans votre rapport de vente.

[69] Quid des livres de 109 ou 41 pages ?

Hé bien, voilà ! C'est fait ! Terminé ! Dans le « Member Dashboard », votre premier livre doit être mentionné « Available » (disponible) dans la colonne « Status ». En cliquant sur le titre du livre, le menu horizontal doit présenter 11 coches vertes :

✓ votre livre est identifié avec un titre, un auteur et des caractéristiques techniques (« Title Information ») ;

✓ votre livre possède un numéro ISBN (« ISBN ») ;

✓ vous avez transmis son contenu au format PDF conforme aux spécifications pour l'impression (« Interior ») ;

✓ vous avez réalisé une couverture conforme pour l'impression (« Cover ») ;

✓ vous avez confirmé l'inscription du livre (« Complete Setup ») ;

✓ votre livre a été vérifié (« File Review ») ;

✓ votre livre a été approuvé par vous (« Proof Your Book ») ;

✓ vous avez sélectionné des canaux de distribution (« Channels ») ;

✓ vous avez fixé les prix de vente (« Pricing ») ;

✓ la couverture est finalisée (« Cover Finish ») ;

✓ vous avez rédigé une description de votre livre (« Description »).

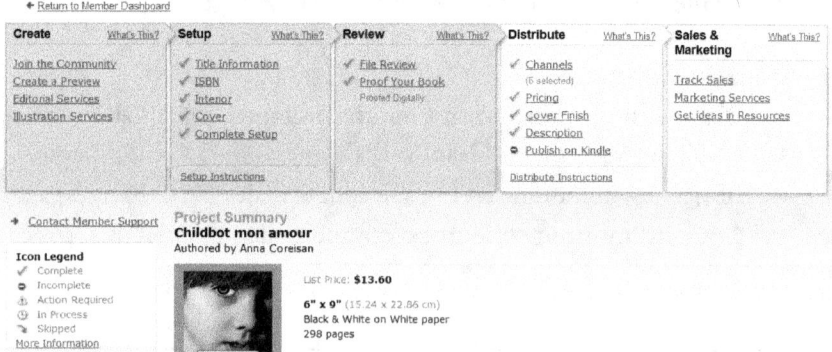

La seule chose que vous n'avez pas faite est le « Publish on Kindle », la publication sous le format ebook sur Kindle, pour les raisons (de risques trop élevés de piratage) invoquées au début de cet ouvrage. Si toutefois vous vouliez prendre le risque, surtout ne vous fiez pas à CreateSpace pour ce qui concerne la transformation en un clic de votre PDF en un PDF prêt pour faire office de ebook. Un ebook de qualité nécessitera que vous repreniez pas mal de choses au niveau de la présentation de votre manuscrit et de la (non) mise en page. Mais c'est là une tout autre histoire qui n'est pas racontée dans ce présent livre !

À quand les premières ventes ? Il faudra peut-être patienter et entreprendre quelques actions de marketing...

MODIFIER SON LIVRE

Le grand avantage de l'autopublication au travers d'un système en ligne comme CreateSpace est la grande liberté de l'auteur-éditeur de pouvoir modifier à tout moment tous les paramètres de son ouvrage, son contenu, sa couverture, ses canaux de distribution, son prix. Les deux seuls éléments ne pouvant pas être modifiés, car ils identifient formellement le livre comme un produit unique, étant : le numéro ISBN et les éléments qui y sont associés : titre, sous-titre, auteur, langue, date de publication (voir la page « Title Information » de votre livre).

Par exemple, vous pourriez très bien décider que la distribution étendue n'est guère utile pour votre livre publié en français (dans la mesure où cette distribution, soi-disant « étendue », ne concerne finalement que les États-Unis) et la désélectionner des canaux de distribution. Cela aura un impact à la baisse sur le coût de fabrication-distribution de votre livre, ce qui vous permettra de mieux ajuster son prix. Vous pourriez aussi décider d'être moins gourmand en royalties et les limiter afin de baisser encore le prix de vente et, peut-être, booster les ventes. Vous pouvez aussi faire l'inverse, si un livre marche (trop) bien (augmentation de la demande) vous pourriez décider d'augmenter un peu le prix. C'est la loi du marché et c'est vous (et vos clients) qui faites la loi !

Vous pourriez aussi changer la description de votre livre sur les sites Amazon, afin de rendre le produit plus attractif. Mais, au-delà de tous ces changements annexes, nous allons voir deux possibles changements d'importance dans ce chapitre : le changement de contenu et celui de couverture.

Changer le contenu

Bien entendu, quand je dis « changer le contenu », il faut être sérieux, il ne s'agit pas de substituer un contenu par un autre. Cela n'aurait guère de sens d'un point de vue éditorial. Autant faire deux livres ou retirer un livre de la distribution[70] et le remplacer par un autre. Non, il s'agit simplement de substituer à l'ancien contenu du livre, un contenu légèrement différent, car amélioré, avec par exemple, la prise en compte de coquilles, de fautes d'orthographe, de phrases mal tournées ou trop longues, d'erreur de mise en page, etc., etc. Il s'agit donc de renouveler le contenu de votre livre pour correction.[71]

Pour changer le contenu, dans la page d'accueil du projet (« Project Homepage »), vous cliquez sur le lien [Interior], ce qui ouvre la page « Interior ». Dans cette page, dans le cadre « Make Changes », on vous explique que si vous avez besoin d'envoyer un fichier de contenu révisé, vous devrez compléter à nouveau le processus de révision. Le format et le type de contenu (noir et blanc ou couleur) sont associés à l'ISBN du livre et ne peuvent être changés. À présent, cliquez sur le bouton [Change], ce qui ouvre une petite fenêtre popup de confirmation (voir illustration ci-dessous) qui vous informe à nouveau que titre et format ne peuvent être changés, car associés à l'ISBN, mais aussi que si vous décidez de faire un changement de contenu, votre livre ne sera plus disponible à la vente,

---

[70] Voir à la fin de ce chapitre la question du retrait d'un livre.

[71] Chez les écrivains il existe ce que l'on appelle le « remord » : le fait de reprendre d'une façon plus ou moins substantielle une partie de son texte déjà édité. Comme changer la fin, par exemple. Cela reste aussi possible dans le cadre de l'autopublication CreateSpace. Une autre possibilité est le livre évolutif : on garde le même ISBN, le même titre et auteur, mais le livre évolue, grandit, se met à jour, au fil du temps, en mentionnant cette nouvelle version sur la couverture, sur la page de copyright et dans la description. Notre livre des Éditions Nègrefont, le « Bissard », qui commente des films, est de ce type (http://www.amazon.fr/dp/1502474247) : de nouveaux commentaires étant insérés à chaque nouvelle version. On peut imaginer un roman évolutif, de la sorte…

jusqu'à ce que vous ayez complété le processus de révision (la soumission du contenu et de la couverture, le cas échéant, à CreateSpace). Est-ce ce que vous voulez ? Si c'est non, alors cliquez sur le bouton [Cancel] (Annuler) ; mais si c'est oui, alors cliquez sur le bouton [Proceed] (Démarrage).

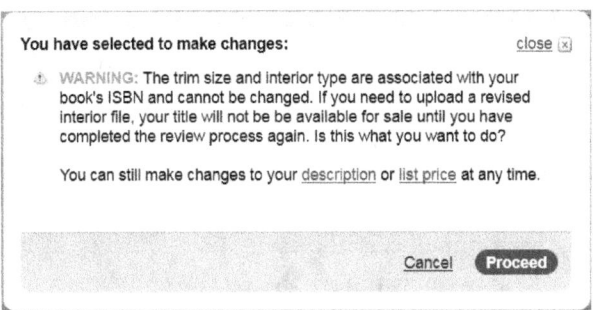

S'affiche alors la page « Interior » dans sa version modification, pour le contenu. Sous le titre de votre livre, vous voyez un lien [Upload a different file] (envoyer un fichier différent), sur lequel vous cliquez.

Puis, les choses se passent comme pour la première fois, avec une fenêtre système qui s'ouvre pour aller sélectionner dans votre disque dur le nouveau fichier PDF de votre manuscrit. Vous cliquez sur le bouton [Save] pour télécharger le fichier vers CreateSpace. Pendant l'attente devant le thermomètre qui figure le flux des bits qui vont de votre ordinateur chez celui de CreateSpace, aux États-Unis, vous pourriez songer à cette chose extraordinaire, cette révolution extraordinaire de l'informatique et de l'internet et vous dire que vous êtes en plein dedans et que c'est incroyable ! Vous avez écrit un texte, un livre et vous êtes en train de l'envoyer d'une façon totalement immatérielle, sous la forme d'un flux informationnel, vers une société, à l'autre bout du monde, afin qu'elle vous transforme ces informations en un livre en papier. Si, comme moi, vous êtes un enfant des années 50, vous devez mesurer cet écart vertigineux entre hier et aujourd'hui et les fabuleuses possibilités que nous offre la modernité. Mais, ça y est (ou cela ne va pas tarder), le popup « Automatic Print Check » s'affiche, vous demandant de patienter encore quelques minutes…

Une fois le téléchargement réalisé, dans la nouvelle page « Interior » qui s'affiche, cliquez sur le bouton [Launch Interior Reviewer], afin de jeter un œil au contenu de votre livre et constater si les éventuelles erreurs repérées par le système sont à réparer (cliquez alors sur [Go Back and Make Changes]) ou à ignorer (cliquez sur [Save and Continue]).

Une fois ressorti de l'« Interior Reviewer », cliquez sur le bouton à droite [Ignore Issues and Continue] (ignorer les problèmes et continuer) ou [Continue], selon le cas.

Ensuite, vous pouvez (ou pas) changer la couverture. Notez que si vous avez changé le nombre de pages du livre, il vous faudra lancer l'éditeur de couverture, pour une nouvelle validation de votre part. S'il n'y a pas d'autre changement à faire sur la couverture, cliquez simplement [Submit Cover].

Dans la page « Cover », cliquez sur le bouton [Complete Cover]. Puis, cliquez sur [Continue], pour atteindre la page « Complete Setup », au bas de laquelle vous allez cliquer sur le bouton final [Submit Files for Review]. Voilà, votre livre (contenu et couverture) est à nouveau soumis aux équipes de CreateSpace pour validation. Dans moins de 24 heures, vous recevrez un message pour approuver votre livre. Ce que vous ferez, je n'en doute pas.

Changer la couverture

Changer la couverture de votre livre peut se faire dans la foulée du changement de contenu (ou pas), ou bien d'une façon autonome. Pour cela, à partir du « Project Homepage » (après avoir cliqué sur le titre de votre livre dans le « Member Dashboard »), vous allez cliquer sur le lien [Cover].

Dans la page « Cover » et le premier cadre du haut, vous pouvez encore, si besoin, choisir entre une couverture mate (« Matte ») ou brillante (« Glossy »), en sélectionnant l'une ou l'autre option.

Dans le cadre au-dessous « UPLOAD COMPLETE », vous pouvez obtenir une version image de basse résolution de votre couverture en cliquant sur le lien [Full-Size Preview].

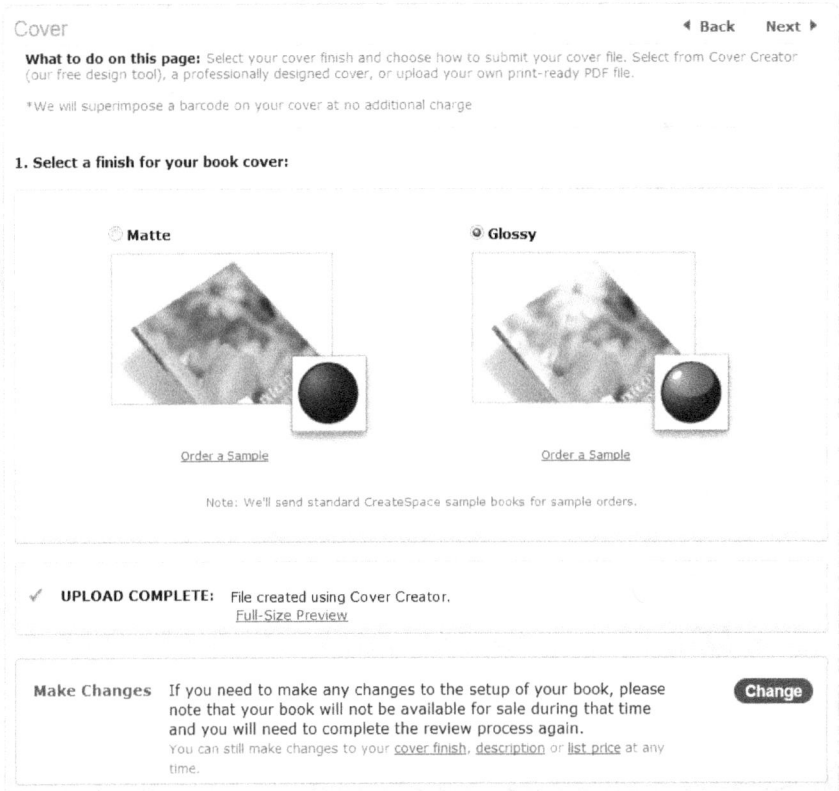

Enfin, c'est dans le cadre « Make Changes » (Faire des changements) que vous allez pouvoir modifier cette couverture. Pour cela, cliquez sur le bouton [Change]. Une petite fenêtre popup (voir ci-dessous) vous avertit que si vous faites un changement de couverture, votre livre ne sera plus disponible à la vente jusqu'à ce que le processus de révision ne soit achevé.

Si vous voulez annuler, cliquez sur le lien [Cancel], sinon cliquez sur le bouton [Proceed] (Démarrer). Un nouveau cadre s'affiche, que vous connaissez bien, puisque c'est le cadre qui apparaît lorsque vous voulez créer la couverture pour la première fois (« Build Your Cover Online »).

Cliquez sur le bouton [Edit Cover], afin d'entrer dans le « Cover Creator ». Reprenez les pages de ce présent livre à propos du « Cover Creator », si besoin, afin de modifier votre couverture. Attention aux règles de cohérence : titre et auteur(s) doivent être identiques à titre et auteur(s) dans le contenu du livre et à titre et auteur(s) dans les informations CreateSpace du livre.

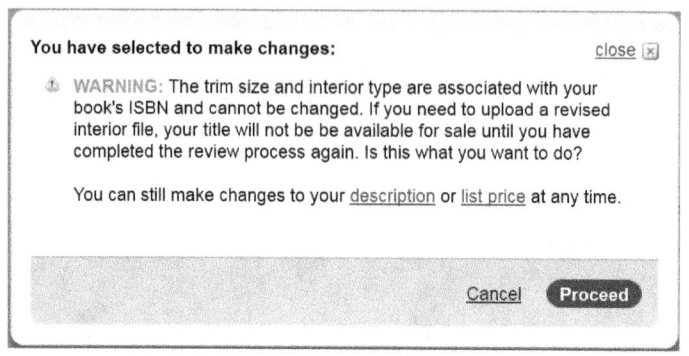

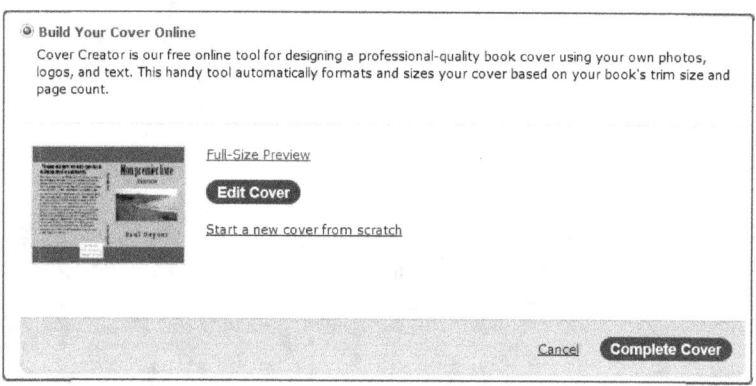

Par contre, vous pourriez vouloir changer un peu le texte de la quatrième de couverture, ajouter/enlever une citation, ajouter/enlever le logo de l'éditeur ou la photo de l'auteur, ajouter/supprimer la biographie de l'auteur, ajouter/enlever un sous-titre ou l'intitulé de genre de votre livre. Une fois ces opérations réalisées, cliquez sur le bouton [Submit Cover] dans le « Cover Creator ». Puis, sur le bouton [Complete Cover].

Puis, cliquez sur [Continue], pour atteindre la page « Complete Setup », au bas de laquelle vous allez cliquer sur le bouton final [Submit Files for Review]. Voilà, votre livre, avec sa nouvelle couverture, est à nouveau soumis aux équipes de CreateSpace pour validation. Dans moins de 24 heures, vous recevrez un message pour approuver votre livre. Il sera alors de nouveau disponible pour la vente (mention « Available » dans le « Member Dashboard »).

Retirer un livre

Et si vous vouliez carrément arrêter la diffusion de votre livre. De multiples raisons, qui vous appartiennent, peuvent vous conduire à prendre cette décision. Ne serait-ce qu'envisager une réédition sous un autre titre, un autre pseudonyme, avec une reprise ou pas du contenu. Vous pourriez aussi vouloir changer le format, la couleur.

Par contre, qu'il soit clair que vous n'avez pas besoin de « retirer » un livre si vous voulez simplement changer son contenu, sa couverture ou l'un ou l'autre de ses canaux de distribution. Vous pouvez réaliser très simplement toutes ces opérations à partir du menu du « Project Homepage » qui s'affiche en cliquant sur le titre de votre livre dans le « Member Dashboard ». On parle donc bien ici d'un retrait pur et simple et total du livre.

Il ne s'agit pas, non plus, du livre non encore validé par CreateSpace, dont le « Status » est marqué « Incomplete » dans le « Member Dashboard ». Ce projet de livre, non encore validé/publié, vous pouvez simplement y renoncer en cliquant sur l'icône poubelle sur la droite, à gauche de la colonne « ID » (numéro d'identification interne du livre chez CreateSpace).

Un livre « retiré » (« retired ») est un livre qui n'est plus fabriqué pour répondre à de nouvelles commandes et qui n'est donc plus visible en tant que produit neuf sur les différents canaux de distribution d'Amazon. Par contre, un livre retiré peut être encore en vente, cela durant de nombreux mois ou années, chez des revendeurs qui en ont fait l'acquisition, qui le détiennent en stock et qui le proposent à la vente à l'état neuf ou d'occasion. Ce peut être des livres rachetés à bas prix par Amazon et qui les revend en occases. Les occasions peuvent aussi être revendues par des clients sur le Marketplace d'Amazon. Ces mises en ventes, après qu'un livre ait été retiré de la fabrication, peuvent entraîner parfois une flambée des prix proposés, le livre étant devenu rare, sa valeur augmente d'autant.[72]

Pour retirer un livre de la fabrication, vous devez envoyer un message à CreateSpace demandant ce retrait. Pour cela, à partir du « Member Dashboard », sélectionnez (double-clic) le numéro

---

[72] Vous pouvez vous-mêmes acheter quelques exemplaires de votre livre avant de le retirer, puis tenter de les revendre sur le Marketplace à un bon prix. Avec de la patience, vous finirez bien par trouver des acheteurs.

d'identification (« ID ») de votre livre (dernière colonne à droite) et mettez-le en mémoire tampon (presse-papier de votre système), avec la commande clavier Ctrl + c, vous allez en avoir besoin. Puis, dans le menu de gauche, sous « My Account », cliquez sur le lien [Message Center].

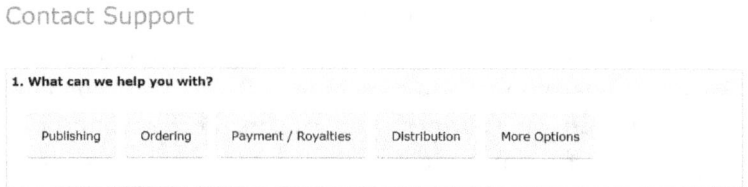

Dans la page « Message Center » qui vient de s'ouvrir, sur la droite, vous cliquez sur le lien [Contact Support] (avec l'enveloppe jaune). Dans la fenêtre « Contact Support » qui s'affiche désormais, dans le cadre « 1. What can we help you with? » (En quoi peut-on vous aider?), vous cliquez sur le dernier bouton à droite [More Options]. Dans la liste « My question is about » (Ma question est à propos de), vous allez sélectionner « Retiring a Title ».

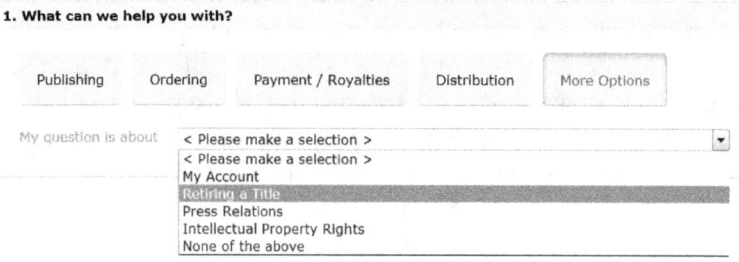

Dans le second cadre qui vient d'apparaître « 2. How would you like to contact support? » (Comment voulez-vous contacter le support?), cliquez sur le bouton [Send us an email] (Envoyez-nous un e-mail).

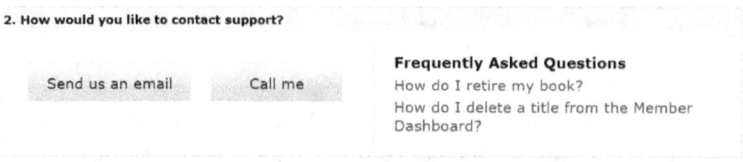

Dans le troisième et dernier cadre qui s'affiche « 3. Contact us » (Contactez-nous), dans la liste « Title Name », vous allez sélectionner le titre de votre livre. Puis, dans le champ de saisie « Email Detail », vous allez rédiger votre message en anglais demandant le retrait du livre en question. Et comme vous êtes supposé être totalement incapable d'une telle prouesse, vous allez tout simplement recopier (et sans fautes !) le message en anglais ci-dessous :

Hi,

Please, would you like to retire my book title "Titre du livre" (ID: 1234567).

Thank you.

Prénom Nom

3. Contact Us

Title Name	Mon premier livre	▾
Email Detail: *	Hi,	
	Please, would you like to retire my book title "Mon premier livre" (ID: 1234567).	
	Thank you.	
	Paul Dupont	
Attachment	[_____] **Browse**	
	The following formats are accepted: jpg, jpeg, gif, txt, psd, pdf, doc, docx, xml, xls or xlsx	

Send Email

Ce que l'on peut traduire par : « Bonjour, merci de bien vouloir retirer mon livre intitulé « Titre du livre » (ID : 1234567). Prénom et Nom. »

Bien entendu, dans ce message vous remplacez « Titre du livre » par le titre de votre livre, celui que vous avez aussi sélectionné dans la liste au-dessus. L'ID est le numéro d'identification de votre livre, interne à CreateSpace. Comme vous l'avez précédemment placé dans le presse-papier (page 134 en haut, il faut suivre !), il suffit de faire au clavier Ctrl + v, pour le coller dans le message à la place du

« 1234567 » fictif. Pour finir, cliquez sur le gros bouton jaune tout en bas [Send Email] (Envoyer l'e-mail).

Et voilà ! Votre livre sera retiré de la fabrication dans des délais qui varieront en fonction des canaux de distribution choisis. Dans le « Member Dashboard », le statut du livre retiré sera désormais… « Retired ».

Vous en avez désormais terminé avec la question de la fabrication et de la mise en vente de votre « premier livre ». Pour ceux qui tâtent tout de même un peu l'anglais, CreateSpace diffuse un guide des spécifications pour soumettre un fichier PDF du manuscrit d'un livre.[73] Ce guide reprend tout ce que vous venez de découvrir dans ce présent ouvrage et bien plus, pour ceux qui veulent aller plus loin vers des produits de plus en plus professionnels.

Rendre son livre disponible, dans le monde entier, grâce à Amazon et l'internet est une chose, que le livre se vende effectivement en est une autre. Car maintenant, si vous voulez vraiment réaliser des ventes, que votre livre ne disparaisse pas aux tréfonds de l'internet, vous allez devoir réaliser un minimum d'effort en marketing. À votre niveau, non plus celui d'auteur, mais celui d'autoéditeur, vous devez assurer une forme de « promotion » de votre livre, afin de le faire connaître et d'inciter les lecteurs potentiels à l'acheter. C'est ce que nous allons voir au prochain chapitre.

---

[73] https://goo.gl/2vlbH3

UN PEU DE MARKETING

Dans ce chapitre, nous allons examiner la question du marketing. Je ne prétends pas vous donner, ni tous les conseils nécessaires à un bon marketing, une bonne promo de votre livre, ni que les quelques informations que je vais vous distiller seront d'une efficacité à toute épreuve pour générer des ventes. En tant que responsable des Éditions Nègrefont, éditions qui se bornent à « fabriquer » des livres au travers du système CreateSpace d'Amazon, je ne suis pas un grand spécialiste du marketing. Aussi, vous ne trouverez ici que les fruits d'une modeste expérience éditoriale. Pour aller plus loin, vous devrez faire appel à d'autres ressources (je vous donnerai quelques pistes à ce propos).

Le dépôt légal à la BnF

Vous avez écrit un texte et vous venez de le publier, ce qui signifie que vous l'avez mis à la disposition du public, pas gratuitement, mais contre rémunération : ce sont vos droits d'auteur, vos royalties. Mais quelqu'un de malhonnête pourrait facilement profiter du fruit de vos efforts intellectuels et s'approprier le contenu et le vendre autrement pour en tirer profit, à votre détriment. Or, en France, la loi protège tous les auteurs d'une œuvre de l'esprit au travers du Code de la propriété intellectuelle. Notamment avec ses deux articles de loi fondateurs :

Article L. 111-1 du Code de la propriété intellectuelle :

L'auteur d'une œuvre de l'esprit jouit sur cette œuvre, du seul fait de sa création, d'un droit de propriété incorporelle exclusif et opposable à tous. Ce droit comporte des attributs d'ordre intellectuel et moral, ainsi que des attributs d'ordre patrimonial [...].

Article L. 123-1 du Code de la propriété intellectuelle :

L'auteur jouit, sa vie durant du droit exclusif d'exploiter son œuvre sous quelque forme que ce soit et d'en tirer un profit pécuniaire. Au décès de l'auteur, ce droit persiste au bénéfice de ses ayants droit pendant l'année civile en cours et les soixante-dix années qui suivent.

Ces deux articles, pour la France, sont très clairs : vous n'avez rien à faire de particulier pour protéger votre livre (pas de dépôt légal), car par le simple fait que vous créez et rendez public une œuvre de l'esprit, elle se trouve de ce fait protégée et vous avez le droit de la commercialiser et d'en tirer des revenus.

Ça, c'est la loi, théoriquement parlant. Après, lorsque quelque chose de concret advient, votre livre a été copié, plagié, repris, diffusé entièrement ou par morceaux, traduit... et tout cela vendu ! (ou diffusé gratuitement), sans votre autorisation, l'affaire se complique. Car vous allez devoir intervenir judiciairement parlant pour défendre votre œuvre et vos droits d'auteur. Vous allez devoir porter plainte, démontrer votre préjudice, démontrer peut-être que c'est bien vous l'auteur et pas l'autre ! Vous devrez apporter les preuves du processus CreateSpace, les manuscrits originaux, vos notes pour réaliser le livre, etc. Car, l'autre, en face, pourrait avoir la malice de falsifier la réalité et produire de prétendues preuves qu'il est l'auteur du livre. Aussi, un élément très important va-t-il jouer en votre faveur : l'antériorité.

Il a bien fallu qu'à un moment donné, vous ayez abouti à la fin du processus d'inscription et de validation dans CreateSpace, ce qui détermine une date précise, qui démontre l'antériorité de la diffusion publique de votre livre, sur toute autre diffusion ultérieure.[74] C'est pour ces raisons que, même si légalement, l'enregistrement officiel d'un livre n'est pas requis, en pratique il est tout de même recommandé.

---

[74] Sauf si vous avez fait la bêtise de confier votre manuscrit à un « ami » malhonnête, qui en a profité, abusant de votre confiance, pour le diffuser juste avant vous.

En France il existe, pour les écrivains, la SGDL,[75] la Société des Gens De Lettres, qui a été fondée en 1838 par des écrivains, avec pour vocation de défendre les intérêts des auteurs. Vous pouvez y adhérer (il vous en coûtera une cotisation annuelle) et vous pouvez aussi (sans obligatoirement adhérer à la SGDL), faire un dépôt de votre livre auprès de la SGDL. Le droit de dépôt vous coûtera 45 euros (en 2015), pour une durée de quatre ans (que vous pourrez renouveler en payant à nouveau). Bien qu'il faille payer (on ne dira pas que c'est excessif), une adhésion à la SGDL vous permettra de bénéficier de son service de consultation juridique gratuitement. Et même si vous n'êtes pas adhérent, vous pouvez aussi recevoir des informations sur les démarches administratives et sociales en tant qu'auteur.

En parallèle à la SGDL, vous pourriez aussi vous référencer en tant qu'auteur (ce qui peut aider devant un tribunal), dans le répertoire Balzac.[76] Le référencement est gratuit et n'implique pas une adhésion à la SGDL. Les informations enregistrées sont validées par la SGDL et les coordonnées des auteurs ne sont jamais transmises. Pour ce faire, dans le menu de gauche, sous « SE RÉFÉRENCER SUR BALZAC », cliquez sur le lien [Vous êtes auteur]. Ensuite, en tant que primo auteur et grand inconnu, il est très probable que votre nom n'apparaisse pas dans les résultats de recherche. Dans ce cas vous devrez contacter Balzac. Ensuite il suffit de remplir les champs de saisie, de transmettre une image scannée de votre carte d'identité et une notice biographique (une simple liste de vos ouvrages – sûrement un seul ! Pour le moment !), dont un modèle vous est fourni.

Mais il existe un système de dépôt entièrement gratuit : le dépôt légal à la BnF, la Bibliothèque Nationale de France. Rendez-vous sur le site du dépôt légal[77] et, en premier lieu, inscrivez-vous en tant qu'auteur. Pour cela, sous l'intitulé « Pas encore inscrit ? », vous cochez la case « Je reconnais avoir lu le texte des conditions générales d'utilisation et en accepter tous les termes. » et, pour une fois, vous pourriez télécharger et lire ces CGU. Elles ne sont pas très longues à lire et vous y apprendrez certaines choses intéressantes. Par exemple,

---

[75] http://www.sgdl.org

[76] https://www.sgdl-balzac.org

[77] http://depotlegal.bnf.fr

le fait qu'une fois votre livre inscrit et déposé à la BnF, il sera répertorié et visible dans pas moins de quatre sites internet.[78] Ensuite, cliquez sur le bouton [S'inscrire à ce service]. Dans la page d'inscription qui s'affiche, saisissez toutes les informations demandées quant à votre identité et « validez » pour vous enregistrer.

Une fois inscrit et connecté à votre compte, vous pourrez accéder au formulaire de déclaration en ligne de votre livre. Pour cela, dans le cadre « Accédez au formulaire », cliquez sur [Remplir une déclaration de monographie].

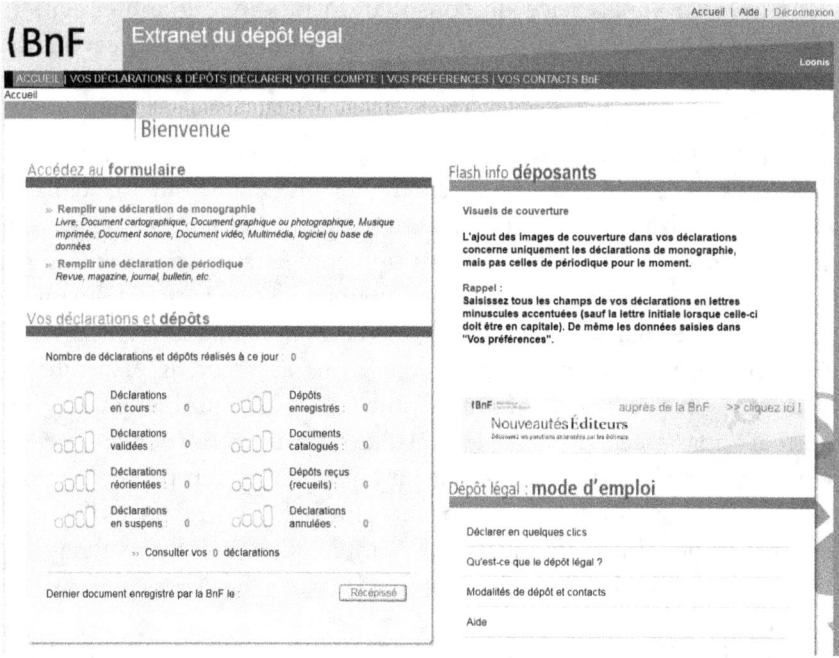

Dans le descriptif du document, vous saisissez le titre (l'éventuel sous-titre – survolez à la souris les petites icônes [i] pour savoir en quoi consiste l'information demandée). À « Édition », sélectionnez [Nouveauté]. Sélectionnez ensuite la « Date de mise à disposition du public » telle qu'elle apparaît dans CreateSpace (ou sur le site Amazon). Pour « Tirage » sélectionnez [À la demande] et indiquez le

---

[78] http://nouveautes-editeurs.bnf.fr (temporairement).
http://catalogue.bnf.fr
http://bibliographienationale.bnf.fr
http://data.bnf.fr

« Prix de vente » tel qu'il est affiché chez Amazon.fr. Cliquez sur le bouton [Étape suivante].

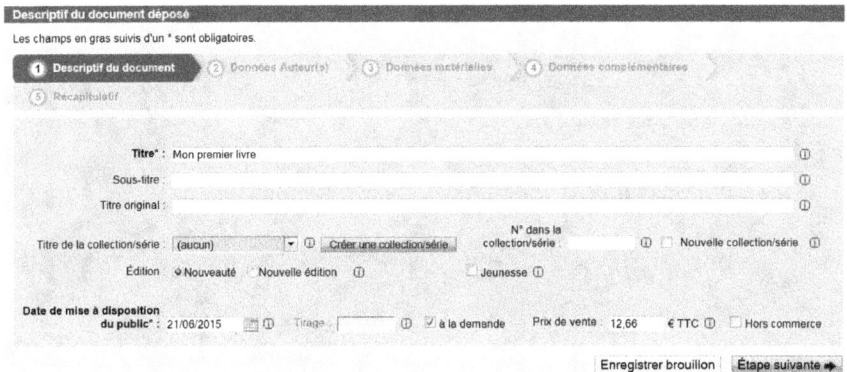

Concernant les « Données auteur(s) », saisissez votre nom, votre prénom, votre date de naissance et un éventuel pseudonyme. Dans la liste « Fonction », sélectionnez [Auteur du texte]. Cliquez sur le bouton [Étape suivante].

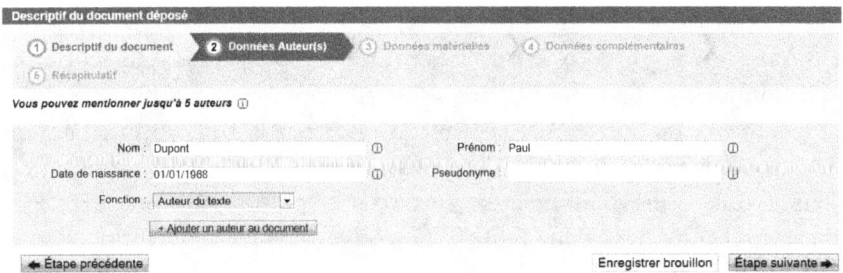

Pour les « Données matérielles », maintenez la présélection [Livre], concernant le type de document. Puis, saisissez le numéro ISBN à 13 chiffres (donc commençant par 978, sans le tiret) donné par CreateSpace. Le plus simple, pour ne pas faire d'erreur, c'est de copier-coller les dix chiffres de la partie droite de ce numéro à partir de la page Amazon de votre livre (sélection, puis Ctrl + c). Tapez 978 dans le champ du formulaire, puis faites collé (Ctrl + v). Indiquez le format « Hauteur » de 22,9 cm et « Largeur » de 15,2 cm (comme indiqué, là encore, sur la page Amazon, pour un format de 6 × 9 pouces). Inscrivez le « Nombre de pages » et sélectionnez le « Façonnage » à [Broché]. Ignorez l'imprimeur (car vous ne pouvez pas savoir qui imprimera votre livre parmi les imprimeurs de CreateSpace) et cliquez sur le bouton [Étape suivante].

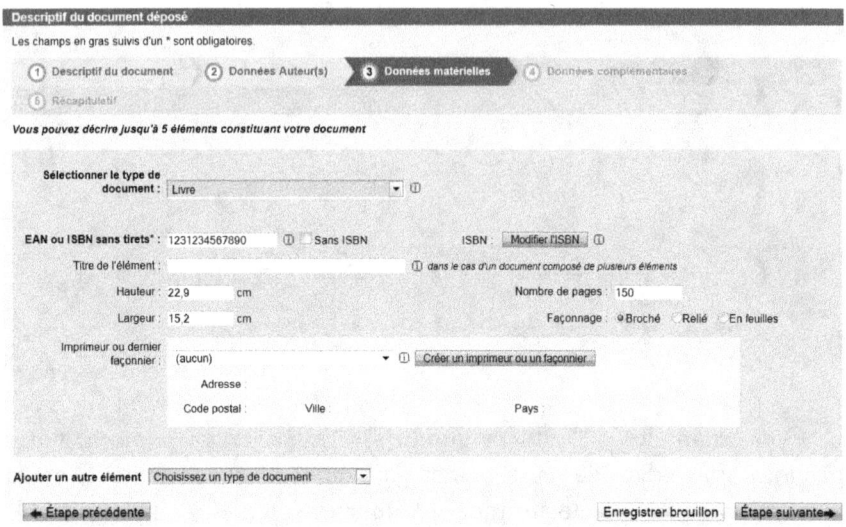

Pour terminer, avec les « Données complémentaires », il n'y a aucune raison que vous refusiez l'accord de publication Nouveautés Éditeurs de la BnF. N'est-ce pas ? Donc, vous laissez sélectionnée cette option. De la même façon, vous acceptez que le résumé du livre et les images de couverture soient réutilisés par la BnF conformément aux modalités prévues par les Conditions générales d'utilisation (parce que vous bénéficierez ainsi de la petite pub procurée par l'inscription du livre dans la BnF).

Dans le champ de saisie « Résumé », le plus simple est de copier-coller ce résumé à partir de celui qui s'affiche sur la page Amazon de votre livre. En ce qui concerne les images de la couverture recto et verso, le plus élégant est de les préparer avec Gimp, à partir du fichier que vous avez réalisé en copiant-collant la couverture zoomée dans le « Digital Proofer ». Cette grosse image affichée dans Gimp, vous sélectionnez l'avant et vous le collez dans une nouvelle image et la même chose pour la quatrième de couverture. Ensuite, une fois ces deux fichiers image enregistrés, il ne vous reste plus qu'à les télécharger avec le bouton [Joindre], pour la « Première de couverture » et le « Verso ». Normalement vous n'avez aucun commentaire particulier à rédiger concernant votre livre, aussi cliquez sur le bouton [Étape suivante].

La dernière page qui s'affiche récapitule toutes les informations que vous avez fournies. Vérifiez-les soigneusement et n'hésitez pas à cliquer sur les onglets des étapes 1, 2, 3 ou 4 si vous voulez rectifier quelque chose. Vous pouvez aussi [Enregistrer le brouillon] et ne valider que plus tard. Par exemple, s'il vous faut un peu de temps pour travailler les images de la couverture ou si vous avez autre chose de plus pressé à faire, enregistrez le brouillon et vous retrouverez plus tard votre formulaire de déclaration pour le compléter et l'achever.

Lorsque tout est enfin prêt, cliquez sur le bouton [Valider pour envoi]. La BnF vous fournira aussitôt un récépissé de déclaration. Il ne vous reste plus qu'à envoyer rapidement un exemplaire de votre livre au Dépôt légal de la BnF, en y joignant une copie imprimée du récépissé. Quelques jours plus tard, vous recevrez par mail un second document : la déclaration de dépôt légal.

À présent, comment faire si votre livre change ? Résumons-nous : vous avez approuvé votre livre et il est « available », disponible à la vente sur Amazon. Cinq jours plus tard, comme il est visible sur amazon.fr, vous en commandez deux exemplaires. Entre temps vous avez inscrit votre livre au dépôt légal de la BnF. Les deux livres arrivent chez vous par la poste deux jours plus tard. Vous en envoyez aussitôt un exemplaire à la BnF. Vous commencez à lire le second exemplaire et là… Vous découvrez encore quelques coquilles, quelques fautes d'orthographe, un verbe mal conjugué par-ci par-là, voire une phrase que, après tout, vous jugez comme mal écrite et que vous avez envie de reprendre.

Avec CreateSpace vous pouvez corriger tout cela. Vous allez prendre votre temps durant une ou deux semaines pour polir votre ouvrage et, au bout du compte, changer le contenu dans CreateSpace. Désormais, il y a quelques différences entre le livre qui se vend désormais sur Amazon et celui qui est déposé à la BnF. C'est le même livre, mais à quelques détails près. Que faire ?

Actuellement, rien n'est vraiment prévu au dépôt légal de la BnF pour ce cas de figure (en 2015). Votre livre n'est pas un périodique. Il ressemble plutôt à un logiciel qui évolue au fil du temps : « Mon premier livre » versions 1.0, 1.5, 2.0, 2.2, etc. C'est toujours le même livre, mais ça évolue… Mon conseil, mais vous en faites ce que vous voulez, c'est vous qui décidez : jusqu'à un certain degré (à vous de juger) de changement du contenu, laissez les choses en état à la BnF. Et puis, si vraiment vous considérez que le contenu a « considérablement » changé, qu'il s'agit d'un tout autre ouvrage, faites un « retrait » de ce livre chez CreateSpace et créez un autre livre (même titre, même auteur, mais avec un autre ISBN), une nouvelle version, que vous déposerez à nouveau à la BnF.

Préparer une notice bibliographique

Avant de vous lancer dans la promotion de votre livre, il est important de lui fournir une notice regroupant l'ensemble des informations nécessaires à cette promotion, à la publicité. Concrètement, dans un fichier de traitement de texte, vous allez réunir les informations suivantes :

- **Note de lecture :** imaginez-vous être un lecteur attentif de votre livre, un peu comme si vous étiez l'éditeur (ce que vous êtes finalement) ou un critique littéraire, un journaliste. En

200 mots, maximum, vous allez décrire la « vision » que vous avez de ce livre (qui est le vôtre). Bien entendu, vous n'allez pas être totalement objectif, votre critique sera essentiellement positive et « vendeuse ». Si vous avez soumis votre livre à la lecture et correction de quelques amis, notez leurs remarques spontanées, car elles peuvent vous servir à cette étape de la note de lecture. Ou vous pouvez demander à des amis serviables une petite note de lecture, dont vous ferez ensuite la synthèse ou qui sera une base à partir de laquelle vous allez rédiger votre propre note de lecture. Les éléments d'une note de lecture peuvent être : l'impression, l'atmosphère qui se dégagent du texte ; le message qu'il fait passer ; l'intrigue, le conflit entre les principaux personnages ; l'enjeu, la problématique qu'il aborde ; le plaisir à le lire ; la facilité et rapidité de lecture ; l'esthétique, la beauté du texte ; l'intérêt de l'histoire, du récit, leur portée psychologique, sociale, ou autre ; éventuellement, l'envie de connaître la suite dans un prochain tome, etc. La note de lecture peut-être la « présentation de l'éditeur » sur la page Amazon du livre et, éventuellement, placée en quatrième de couverture, si elle ne dépasse pas 150 mots.

- **Catégorie BISAC :** il s'agit de la catégorie que vous avez sélectionnée dans la page « Description » de CreateSpace.
- **Mots clés :** au nombre de 5 maximum (un mot clé peut être composé de deux mots qui font sens ensemble, exemple : « science-fiction »). Ces mots clés doivent aider à l'actualisation de votre livre dans Amazon et dans les moteurs de recherche (comme Google). Il s'agit de mots que les clients sont susceptibles d'utiliser s'ils recherchent votre livre en particulier ou s'ils recherchent des livres similaires, autour du même sujet.
- **Accroche :** en une trentaine de mots, maximum, c'est une description marketing, en une courte phrase, de votre livre. Cette accroche peut être identique à la citation au dos de la couverture si cette citation peut aussi faire office d'accroche marketing.
- **Citation :** il s'agit de la citation au dos de la couverture, soit une phrase frappante issue du texte.

- **Quatrième de couverture** : il s'agit donc, en 150 mots maximum, du texte présent au dos de la couverture de votre livre.

- **Description du livre** : il s'agit du texte qui apparaît sur les pages Amazon pour décrire votre livre. À la différence de la quatrième de couverture, la description peut ici davantage s'adresser au lecteur pour faire un synopsis du livre, son état d'esprit, son thème, ce que le lecteur peut y trouver en l'achetant. Vous pourriez aussi situer votre livre en référence à un autre livre ou un autre auteur. Vous pouvez envisager une note de lecture plus étendue. Vous avez droit à 4000 caractères espaces compris, soit plus de 600 mots.

- **Version HTML de la description** : il s'agit du même texte que celui de la description, mais avec les balises HTML permettant de le formater pour l'affichage en ligne (balisage des paragraphes, des sauts de ligne, des gras ou des italiques, des puces éventuellement).

- **Biographie de l'auteur** : en 150 mots maximum, vous pouvez présenter ici votre parcours, vos qualifications, vos écrits précédents, vos intérêts, le tout en visant à servir la promotion de votre livre.

- **Page de vente** : l'adresse Amazon où l'on peut acheter le livre.

Pour vous donner un exemple concret et peut-être inspirant pour vous, voici la notice bibliographique complète de notre (maintenant célèbre !) livre « Childbot mon amour », d'Anna Coreisan.

Note de lecture
Au travers de ses quatorze nouvelles, Anna Coreisan nous invite agréablement à de multiples réflexions sur le monde, l'humain et des choses aussi sérieuses que l'amour, la sexualité, le machisme, mais encore le bien trop universel et intriguant penchant sexuel envers les enfants. Maniant avec brio la satire, la caricature et le second degré, Anna Coreisan dérange, nous appelle à sortir de nos ornières, à nous remettre en question. On a là un livre découverte, exploratoire, des mondes virtuels et du monde qui est le nôtre.

Catégorie BISAC
Literary Criticism / Science Fiction & Fantasy

Mots clés
robot, science-fiction, monde virtuel, satire, caricature

Accroche
Un texte rafraîchissant et bien envoyé, avec quelques pointes d'humour.

Citation
« Elle éprouva, en cet instant, une sensation intense d'amour pour son Jérémie. Elle aurait voulu l'allaiter, qu'il suce ses seins, comme si par cette émanation biologique d'elle-même l'enfant robot allait prendre véritablement vie. Le souffle divin animant le modelage de boue séchée et enfantant le premier homme. »

Quatrième de couverture
Au travers de ses quatorze nouvelles, Anna Coreisan nous invite agréablement à de multiples réflexions sur le monde, l'humain et des choses aussi sérieuses que l'amour, la sexualité, le machisme, mais encore le bien trop universel et intrigant penchant sexuel envers les enfants. Maniant avec brio la satire, la caricature et le second degré, Anna Coreisan dérange, nous appelle à sortir de nos ornières, à nous remettre en question. On a là un livre découverte, exploratoire, des mondes virtuels et du monde qui est le nôtre.

Description du livre
Un texte rafraîchissant et bien envoyé, avec quelques pointes d'humour. Des *childbots*, des enfants robots, plus vrais que nature et qui demandent tout simplement qu'on les aime… Un couple qui se déchire à mort par emails, des extraterrestres qui envahissent notre

planète par internet, des mondes virtuels où tous nos rêves peuvent se réaliser, une France islamisée où l'on discute du mariage des fillettes avant l'âge de 9 ans, où se tient à Paris le 23e *Female Technology Show*, le salon international des technologies d'élevage des femelles… Et bien d'autres nouvelles décapantes !

Présentation de l'éditeur : Au travers de ses quatorze nouvelles, Anna Coreisan nous invite agréablement à de multiples réflexions sur le monde, l'humain et des choses aussi sérieuses que l'amour, la sexualité, le machisme, mais encore le bien trop universel et intriguant penchant sexuel envers les enfants. Maniant avec brio la satire, la caricature et le second degré, Anna Coreisan dérange, nous appelle à sortir de nos ornières, à nous remettre en question. On a là un livre découverte, exploratoire, des mondes virtuels et du monde qui est le nôtre.

Note de lecture étendue : La rupture amoureuse, le demi-viol, le rêve érotique, l'amour tantrique, les quatre premières nouvelles ratissent déjà dans les rapports humains, dans l'ordre de l'intimité. Le texte est bien envoyé, avec quelques pointes d'humour. C'est rafraîchissant. Et puis, pour la suite, on a l'impression d'entrer dans un nouveau monde. On sent qu'il y a une trame par en dessous, qu'un grand roman est en maturation, en train de se construire, Anna ne nous en donne que les premières pierres, les fondations. C'est une histoire de mondes virtuels, d'une invasion extraterrestre inédite, car sur l'internet. Et puis, ces extraterrestres que l'on ne voit jamais pour de vrai, on finit par comprendre qu'ils sont venus sucer nos pensées, nos rêves, nos émotions, une forme d'exploitation et d'esclavagisme très originaux. On découvre au passage toute une technologie, toute une histoire d'invasion qui s'amorce et quelques personnages emblématiques. Ce sont donc cinq nouvelles de plus, qui s'enchaînent dans une logique virtuelle. Cinq nouvelles, dont la cinquième (« Comment ils nous ont eus ») est le texte à lire, le plus long aussi (sur les cinq). Ici les personnages sont bien plus consistants, attachants et l'on pénètre complètement dans leur expérience de la virtualité. Et quelle expérience ! Coreisan nous présente ici une véritable chirurgie de l'initiation aux mondes virtuels, cela fera certainement date !

Enfin, les six dernières nouvelles nous font découvrir la poétique d'Anna et celle des mathématiques… littéraires et quatre nouvelles qu'il faut lire en ayant bien révisé l'avertissement posé en début de l'ouvrage : satire et caricature. Et il y en a ! On est transporté dans des mondes où l'Islam roi discute du mariage des fillettes de moins de neuf ans, consommation sexuelle comprise ! Dans un monde à la « Real Human » où la pédophilie s'avance en rampant, dans un texte d'une incontestable qualité scénaristique et émotionnelle, en mettant en scène une jeune femme et son enfant robot. Puis, une foire expo dédiée aux technologies pour les « femelles », où l'on rit et frémit en même temps (quelle audace !) et enfin, le bouquin de Coreisan se termine par (« Oups ! Oups ! Oups ! »), une petite histoire eschatologique franchement fort bien amenée et à la chute (c'est bien le cas de le dire) étonnante.

Anna Coreisan, on le sent, convoque dans ce premier livre, à la fois de grandes idées, de la poésie, de l'exploration personnelle, de la réflexion et règle quelques comptes au passage. Je ne dirais que deux choses, pour finir : ça m'a bien plu et j'en veux encore. Allez, Anna, au boulot !

Version HTML de la description

\<b\>Un texte rafraîchissant et bien envoyé, avec quelques pointes d'humour.\</b\>\<br\>\<br\>Des \<i\>childbots\</i\>, des enfants robots, plus vrais que nature et qui demandent tout simplement qu'on les aime… Un couple qui se déchire à mort par emails, des extraterrestres qui envahissent notre planète par internet, des mondes virtuels où tous nos rêves peuvent se réaliser, une France islamisée où l'on discute du mariage des fillettes avant l'âge de 9 ans, où se tient à Paris le 23e \<i\>Female Technology Show\</i\>, le salon international des technologies d'élevage des femelles… Et bien d'autres nouvelles décapantes !\<br\>\<br\>\<b\> Présentation de l'éditeur :\</b\> Au travers de ses quatorze nouvelles, Anna Coreisan nous invite agréablement à de multiples réflexions sur le monde, l'humain et des choses aussi sérieuses que l'amour, la sexualité, le machisme, mais encore le bien trop universel et intriguant penchant sexuel envers les enfants. Maniant avec brio la satire, la caricature et le second degré, Anna Coreisan dérange, nous appelle à sortir de nos ornières, à nous remettre en question. On a là un livre découverte, exploratoire, des mondes virtuels et du monde qui est le nôtre.

Note de lecture : La rupture amoureuse, le demi viol, le rêve érotique, l'amour tantrique, les quatre premières nouvelles ratissent déjà dans les rapports humains, dans l'ordre de l'intimité. Le texte est bien envoyé, avec quelques pointes d'humour. C'est rafraîchissant. Et puis, pour la suite, on a l'impression d'entrer dans un nouveau monde. On sent qu'il y a une trame par en dessous, qu'un grand roman est en maturation, en train de se construire, Anna ne nous en donne que les premières pierres, les fondations. C'est une histoire de mondes virtuels, d'une invasion extraterrestre inédite, car sur l'internet. Et puis, ces extraterrestres que l'on ne voit jamais pour de vrai, on finit par comprendre qu'ils sont venus sucer nos pensées, nos rêves, nos émotions, une forme d'exploitation et d'esclavagisme très originaux. On découvre au passage toute une technologie, toute une histoire d'invasion qui s'amorce et quelques personnages emblématiques. Ce sont donc cinq nouvelles de plus, qui s'enchaînent dans une logique virtuelle. Cinq nouvelles, dont la cinquième (« Comment ils nous ont eu ») est le texte à lire, le plus long aussi (sur les cinq). Ici les personnages sont bien plus consistants, attachants et l'on pénètre complètement dans leur expérience de la virtualité. Et quelle expérience ! Coreisan nous présente ici une véritable chirurgie de l'initiation aux mondes virtuels, cela fera certainement date !

Enfin, les six dernières nouvelles nous font découvrir la poétique d'Anna et celle des mathématiques… littéraires et quatre nouvelles qu'il faut lire en ayant bien révisé l'avertissement posé en début de l'ouvrage : satire et caricature. Et il y en a ! On est transporté dans des mondes où l'Islam roi discute du mariage des fillettes de moins de neuf ans, consommation sexuelle comprise ! Dans un monde à la « Real Human » où la pédophilie s'avance en rampant, dans un texte d'une incontestable qualité scénaristique et émotionnelle, en mettant en scène une jeune femme et son enfant robot. Puis, une foire expo dédiée aux technologies pour les « femelles », où l'on rit et frémit en même temps (quelle audace !) et enfin, le bouquin de Coreisan se termine par (« Oups ! Oups ! Oups ! »), une petite histoire eschatologique franchement fort bien amenée et à la chute (c'est bien le cas de le dire) étonnante.

Anna Coreisan, on le sent, convoque dans ce premier livre, à la fois de grandes idées, de la poésie, de l'exploration personnelle, de la réflexion et règle quelques comptes au passage. Je ne dirais que deux choses, pour finir : ça m'a bien plu et j'en veux encore. Allez, Anna, au boulot !

Biographie de l'auteur

Fille d'un diplomate coréen et d'une danseuse de ballet d'origine russe, Anna Coreisan, après le divorce de ses parents, a longtemps vécu en France, où elle a étudié les lettres modernes, la philosophie orientale et l'anthropologie. S'essayant à différentes formes d'expression artistique, Anna Coreisan a fini par trouver sa voie dans l'écriture.

Page de vente

http://www.amazon.fr/dp/1511598204
http://goo.gl/ZTpviX

Quelques remarques concernant cette notice bibliographique destinée au marketing. En quatrième de couverture, nous nous sommes contentés de reprendre la « Présentation de l'éditeur » telle qu'elle apparaît dans la description sur la page Amazon. Cette description comprend : l'accroche, un petit paragraphe descriptif, la présentation de l'éditeur (quatrième de couverture) et une « note de lecture » plus étendue, avec deux gros paragraphes qui déclinent le contenu du livre, avec une critique positive et un dernier petit paragraphe conclusif. La page de vente peut comporter une adresse internet en clair (adresse Amazon explicite) ou bien un lien court (par exemple, avec « goo.gl »).[79]

À partir de cette notice bibliographique, vous allez pouvoir développer votre action marketing en y piochant tous les éléments dont vous avez besoin.

---

[79] Pour obtenir un lien court chez Google, rendez-vous ici : https://goo.gl. Si vous tapez « lien court » dans votre moteur de recherche préféré, vous pourrez trouver bien d'autres fournisseurs de liens courts. Bon, vous l'aurez compris : l'avantage du lien court c'est... qu'il est court !

La plaquette de présentation

Une plaquette de présentation est, en quelque sorte, la carte de visite de votre livre. Vous pouvez la donner à un ami, l'envoyer par la poste, la distribuer en grand nombre en des points stratégiques, comme les bibliothèques, les cafés, les salons et même en en « oubliant », ici ou là, dans un train, un tram, un métro, un taxi, sur un banc public (lorsque le temps n'est pas à la pluie), etc.

Vous avez plusieurs types de logiciels qui vous permettent de réaliser une telle plaquette publicitaire. D'abord un traitement de texte (comme Word ou OpenOffice), un logiciel de présentation de diaporama (comme PowerPoint ou la présentation dans OpenOffice), un logiciel graphique (comme Gimp) ou encore un logiciel de PAO[80] (comme Publisher de Microsoft). Vous choisissez en fonction de vos disponibilités dans votre ordinateur et de votre capacité à utiliser (ou motivation à apprendre à utiliser !) tel ou tel logiciel.

Pour l'exemple, je vous propose d'utiliser la fonction de présentation d'OpenOffice. À l'ouverture d'OpenOffice, dans le popup d'ouverture, cliquez sur *Présentation* (ou si vous êtes déjà dans le Writer d'OpenOffice, en ayant ouvert la notice bibliographique de votre livre, allez au menu *Fichier/Nouveau/Présentation*.

Étape 1 : sélectionnez *Présentation vierge*, cliquez sur *Suivant*.

Étape 2 : cliquez sur *Suivant*.

Étape 3 : cliquez sur *Créer*.

Dans l'écran de présentation, dans le volet *Propriétés/Mises en page* à droite, sélectionnez le premier modèle *Diapo vierge*. Commencez par régler le format de la plaquette. Il s'agit d'une plaquette imprimée recto-verso, pliée en deux et qui rentre dans une enveloppe standard au format 16 × 11 cm.

Ensuite, rendez-vous au menu *Format/Page…* et dans la fenêtre qui s'ouvre, pour la largeur, remplacez 28,00 cm par 15,50 cm et pour la hauteur, remplacez 21,00 cm par 11,00 cm. Laissez l'orientation sur l'option *Paysage*. Cliquez sur *OK*.

Dans cette première diapo vous allez insérer les deux images de devant et de dos de la couverture, images que vous avez réalisées pour la présentation du dépôt légal à la BnF (souvenez-vous, les deux

---

[80] Publication Assistée par Ordinateur.

faces de la couverture du livre tirées du montage à partir de copies d'écran multiples de la couverture affichée en haute résolution dans le « Digital Proofer » de CreateSpace). Insérez d'abord l'une des deux images (le devant ou le dos de la couverture, cela importe peu). Faites un clic droit sur cette image affichée sur la diapo et cliquez sur la première option du menu *Position et taille*. Notez la largeur (par exemple : 7,30 cm) et multipliez-la par deux (soit, dans notre exemple : 14,60 cm). Fermez la fenêtre et supprimez l'image de la diapo (oui !).

Retournez à menu *Format/Pages...* et réglez désormais la largeur de la diapo à 14,60 cm. Puis, insérez les deux images, devant et dos de la couverture. Placez-les côte à côte, le dos à gauche et le devant à droite. Voici un exemple avec notre livre « Childbot mon amour ».

À présent, vous allez réaliser le verso de la plaquette. Rendez-vous au menu *Insertion/Diapo*. Dans la seconde diapo, le verso de votre plaquette donc, vous pourriez tout d'abord insérer une image en filigrane. Pour cela utilisez, par exemple, l'image d'illustration de votre couverture, ajustez sa taille et éventuellement rognez-la pour qu'elle s'ajuste à la surface totale de la diapo.

Puis, insérez un rectangle, dont la couleur de fond sera le blanc et qui va entièrement recouvrir l'image et donc la diapo. Appliquez une transparence de 40% à ce rectangle. Ainsi, vous verrez l'image de fond par transparence avec ce blanc, comme un filigrane.

Un texte rafraîchissant et bien envoyé, avec quelques pointes d'humour.

Des *childbots*, des enfants robots, plus vrais que nature et qui demandent tout simplement qu'on les aime… Un couple qui se déchire à mort par emails, des extraterrestres qui envahissent notre planète par internet, des mondes virtuels où tous nos rêves peuvent se réaliser, une France islamisée où l'on discute du mariage des fillettes avant l'âge de 9 ans, où se tient à Paris le 23e *Female Technology Show*, le salon international des technologies d'élevage des femelles… Et bien d'autres nouvelles décapantes !

En vente sur Amazon
http://goo.gl/ZTpviX

La rupture amoureuse, le demi viol, le rêve érotique, l'amour tantrique, les quatre premières nouvelles ratissent déjà dans les rapports humains, dans l'ordre de l'intimité. Le texte est bien envoyé, avec quelques pointes d'humour. C'est rafraîchissant. Et puis, pour la suite, on a l'impression d'entrer dans un nouveau monde. On sent qu'il y a une trame par en dessous, qu'un grand roman est en maturation, en train de se construire. Anna ne nous en donne que les premières pierres, les fondations. C'est une histoire de mondes virtuels, d'une invasion extraterrestre inédite, car sur l'internet. Et puis, ces extraterrestres que l'on ne voit jamais pour de vrai, on finit par comprendre qu'ils sont venus sucer nos pensées, nos rêves, nos émotions, une forme d'exploitation et d'esclavagisme très originaux. On découvre au passage toute une technologie, toute une histoire d'invasion qui s'amorce et quelques personnages emblématiques. Ce sont donc cinq nouvelles de plus, qui s'enchaînent dans une logique virtuelle. Cinq nouvelles, dont la cinquième (« Comment ils nous ont eu ») est le texte à lire, le plus long aussi (sur les cinq). Ici les personnages sont bien plus consistants, attachants et l'on pénètre complètement dans leur expérience de la virtualité. Ah quelle expérience ! Coreisan nous présente ici une véritable chirurgie de l'initiation aux mondes virtuels, cela fera certainement date !

Enfin, les six dernières nouvelles nous font découvrir la poétique d'Anna et celle des mathématiques… littéraires et quatre nouvelles qu'il faut lire en ayant bien révisé l'avertissement posé en début de l'ouvrage : satire et caricature. Et il y en a ! On est transporté dans des mondes où l'Islam roi discute du mariage des fillettes de moins de neuf ans, consommation sexuelle comprise ! Dans un monde à la « Real Human » où la pédophilie s'avance en rampant, dans un texte d'une incontestable qualité scénaristique et émotionnelle, en mettant en scène une jeune femme et son enfant robot. Puis, une foire expo dédiée aux technologies pour les « femelles », où l'on rit et frémit en même temps (quelle audace !) et enfin, le bouquin de Coreisan se termine par (« Oups ! Oups ! Oups ! »), une petite histoire eschatologique franchement fort bien amenée et à la chute (c'est bien le cas de le dire) étonnante.

Enfin, introduisez des zones de texte, à votre convenance, pour intégrer des éléments de la notice bibliographique. Attention de ne pas intégrer des éléments qui existent déjà sur le recto, c'est-à-dire sur la couverture de votre livre. En sachant que le recto de la plaquette affiche déjà la « quatrième de couverture » et la « citation », dans l'exemple de démonstration ci-dessus, j'ai introduit sur le verso de la plaquette : « l'accroche », la première partie de la « description du livre », l'adresse internet de la « page de vente » Amazon (en lien court) et la « description étendue » (sans le paragraphe conclusif).

Pour tirer quelques exemplaires, vous pourriez utiliser une bonne imprimante couleur, jet d'encre ou laser, réglée en haute résolution, sur du bristol ou du papier photo épais. Pour des tirages en grande quantité, faites plutôt appel à un professionnel (dans ce cas il faudra lui fournir un fichier PDF ou une image (JPG ou JPEG) et il vous faudra donc faire une conversion).

La vidéo de présentation

Je ne vais pas vous apprendre à utiliser un logiciel de traitement de vidéo, car ce n'est évidemment pas l'objet de ce livre. Simplement, pour l'aspect pratique, regroupez dans un même répertoire de votre disque dur tous les éléments graphiques (images) que vous possédez concernant votre livre : images de couverture, scannage d'une ou deux pages significatives du livre, éventuelles illustrations du contenu du livre, vues en 3D, etc.

Ensuite, repérez le format vidéo que vous souhaitez exploiter (je vous conseille la HD en 1920 × 1080 ou 1280 × 720 pixels en MP4, en prévision du transfert sur Youtube ou autre...). Supposons que vous ayez choisi 1920 × 1080 pixels, à ce moment-là, dans Gimp, reprenez toutes vos images pour ce projet de vidéo et retaillez-les, quitte parfois à les rogner, en 1920 × 1080 pixels.

Ensuite, avec le logiciel de traitement vidéo, vous allez insérer sur la piste vidéo les images dans l'ordre qui vous convient. Vous y ajoutez des effets de transitions entre images, des titres qui défilent et autres effets spéciaux en fonction de vos possibilités. Notez une seule chose : que votre vidéo ne soit pas trop longue (entre trente secondes et une minute est suffisant). Pour la bande-son, vous pouvez vous la fabriquer en enregistrant un court message. Vous pouvez mettre aussi un fond sonore, mais il doit être de votre cru, si vous êtes musicien et compositeur, sinon vous devez trouver un site qui fournit gratuitement des musiques de fond libres de droits d'auteur.

Une fois la vidéo réalisée, vous pouvez la télécharger sur Youtube[81] et utiliser le lien Youtube vers cette vidéo pour, par exemple, illustrer un blog ou une page Facebook (ou télécharger la vidéo directement sur Facebook) consacrée à votre livre (voir plus loin). Vous pouvez aussi transmettre ce lien vidéo par e-mail à vos connaissances.[82]

Sur le site Amazon lui-même, vous pouvez insérer un commentaire vidéo. Pour cela, cliquez sur le bouton [Ecrire un commentaire client], puis sélectionnez l'option [Commentaire Vidéo]. Il ne vous reste plus qu'à télécharger votre vidéo publicitaire. Notez que pour la page de vente Amazon, vous pourriez créer un autre genre de vidéo dans laquelle on vous voit commenter plus longuement votre ouvrage en tant que lecteur, comme un vrai booktuber !

La vidéo de démonstration que j'ai réalisée est basée sur des images en provenance du livre « Childbot mon amour ». Le logiciel utilisé est « Corel VideoStudio X6 Ultimate ». J'ai utilisé un « projet instantané » proposé par le logiciel, le projet « T15 » dans la catégorie « Moyen ». Ce projet comporte 8 images au format 1024 × 576 pixels et une musique de fond libre de droits et sympathique pour présenter notre livre. Les images spécialement préparées sont :

1. Gros plan de l'image du devant de la couverture (yeux du garçon) ;
2. Gros plan de l'image du devant de la couverture (bouche du garçon et une partie du titre du livre) ;
3. Gros plan de l'image de quatrième de couverture (avec une partie du texte et la photo de l'auteur, Anna Coreisan) ;
4. Gros plan de l'image de quatrième de couverture (avec l'URL de l'éditeur – editionsnegrefont.fr – et une partie de la citation) ;

---

[81] Il existe aussi Dailymotion (http://www.dailymotion.com), Vimeo (https://vimeo.com/) et bien d'autres « sites de partage vidéo », demandez à Google !

[82] Sur Youtube : https://youtu.be/VA4TZwU8eQE

Sur Facebook : https://goo.gl/qY9hGD

5. deux vues en 3D en vis-à-vis du livre, en provenance de captures d'écran du « Digital Proofer » de CreateSpace ;

6. Un gros plan sur l'œil du garçon issu de l'image ayant servi à illustrer la couverture ;

7. Un gros plan sur la bouche du garçon issue de l'image ayant servi à illustrer la couverture ;

8. Enfin, gros plan de l'image du devant de la couverture (titre du livre en entier et genre du livre « Nouvelles »).

Du point de vue du texte, j'ai commencé par le titre du livre (« Childbot mon amour »), jusqu'à la moitié de la vidéo ; puis, le genre du livre et le nom de son auteur (« Nouvelles par Anna Coreisan ») ; enfin, le nom de l'éditeur et où il est possible d'acheter le livre (« Éditions Nègrefont en vente sur Amazon »). Il n'est pas utile de mettre le lien internet, car en entrant le titre du livre ou le nom de l'auteur dans le champ de recherche d'Amazon, le client potentiel obtiendra aussitôt le lien vers la page du livre.

Sur le site de Youtube, le commentaire de la vidéo reprend des éléments de notice bibliographique (quatrième de couverture, citation, premier paragraphe de la description et lien internet de la page de vente. Sur Facebook, la vidéo apparaît sur la page des Éditions Nègrefont[83] sans autre commentaire. Par contre, à la fin de la vidéo Facebook affiche le lien vers la page de vente, comme je lui ai demandé.

---

[83] https://www.facebook.com/editionsnegrefont

Sur la copie d'écran ci-dessus, vous remarquerez l'indication de l'opération de promotion financée sur Facebook (indication qui n'est visible que du propriétaire de la page). En effet (nous verrons cela plus loin), vous pouvez, pour quelques dizaines d'euros, lancer une campagne de publicité sur l'un ou l'autre de vos contenus Facebook et toucher ainsi des milliers de personnes, sans trop de frais.

Bien entendu, cela ne garantit en rien des ventes effectives. D'autres facteurs entrent en ligne de compte : la qualité de la vidéo, la qualité du livre lui-même, de sa couverture, de sa présentation, de sa description et si, finalement, ce livre entre ou pas dans cette subtile alchimie de l'air du temps qui fait que des gens vont s'y intéresser ou non. Parfois cela peut marcher rapidement, parfois il y faut plus de temps… Bonne chance !

L'autodistribution en librairie

Nous sommes bien dans l'optique du livre fabriqué à la demande et l'absence de stock. Aussi, cette idée de l'autodistribution en librairie n'est-elle pas un modèle permanent, mais temporaire. Il s'agit simplement de faire connaître votre livre, de voir comment il marche chez un libraire local. Donc, il s'agit bien d'une opération ponctuelle et sur de petites quantités. Pour voir…

Tout d'abord, où vous procurer les livres (disons une dizaine d'exemplaires) ? Sur Amazon ? Ou sur CreateSpace ? Autant, si vous voulez acheter pour vous-mêmes, un ou deux exemplaires et les obtenir très rapidement, je vous ai conseillé de les acheter directement sur Amazon, car cela vous reviendra moitié moins cher, à cause des frais de port à partir de CreateSpace aux États-Unis. Autant, si vous voulez acheter une dizaine d'exemplaires et que vous n'êtes pas pressé et que vous pouvez attendre un mois l'arrivée de vos ouvrages des États-Unis, alors choisissez CreateSpace. Dans le « Member Dashboard », cliquez sur le lien [Order Copies] (commander des copies) en regard du titre de votre livre et suivez le processus de commande.

En prenant comme exemple notre titre « Childbot mon amour », vendu 12,26 euros sur amazon.fr et qui rapporte 2,17 euros de royalties, pour 10 exemplaires, cela fera 120,60 euros moins 21,70 euros, soit 98,90 euros. Alors qu'en achetant chez CreateSpace cela me reviendra à 55,70 euros pour 10 exemplaires livrés… dans un mois. Vous le voyez, pour une fois, le temps joue pour vous !

En considérant donc cette seconde option à 55,70, soit 5,57 euros le livre, vous pourriez proposer au libraire le deal suivant :[84] il vend les livres à 12,26 euros (donc identique au prix d'Amazon), il vous reverse 8,58 euros (70 %, ce qui correspond à peu près au coût d'achat du livre plus vos royalties) et il garde 30%, soit 3,68 euros. Ce qui est une assez bonne marge pour une librairie, même en comptant au passage 5,5% de TVA sur les 12,26 euros du prix de vente, car vous assurez le dépôt chez lui sans autres frais (il n'achète pas les livres) et il a garantie que vous reprendrez ce qui reste de votre stock si, au bout d'un délai raisonnable, cela ne se vend pas.

Bien sûr, de votre côté vous aurez les frais de déplacement, le temps passé à prospecter et convaincre les libraires (qui sont en froid avec Amazon, qui plus est !). Ce n'est donc bien qu'une petite opération promotionnelle transitoire et non pas un modèle économique pérenne. Pour que cela marche, le mieux est de bien connaître le libraire,[85] que vous soyez un client habitué et, pour 10 malheureux livres, faites-lui même du 40% !

Une fois votre livre en vente en librairie, quelque part, peut-être pourriez-vous même aller jusqu'à faire des séances de dédicaces ! Le libraire acceptera volontiers, même si cela ne marche pas trop, car une telle séance de dédicace implique que vous allez faire l'effort d'en alerter la presse, ce qui fera de la pub gratos au libraire, pardi !

Une autre idée : avec l'accord du libraire, évidemment, faire un genre de vidéo selfie. On voit la devanture, la marque du libraire (la Fnac, par exemple), vous entrez. Coupure. Plus loin, au rayon de votre livre, vous montrez vos dix exemplaires. Ils sont là ! Vous êtes en librairie, chez Machin, quelle pub ! Et, pourquoi pas, amusez-vous gentiment à interviewer quelques clients sympas (avec leur accord) en leur mettant votre livre entre les mains. Puis, mettez cette vidéo sur Youtube et Facebook. Ce sera un grand moment !

Tenez, un dernier conseil, lisez ceci.[86] Après on en reparle. Car, au final, votre bénéfice comptable ne sera que d'une trentaine d'euros, moins les frais ! Donc, il ne s'agit bien que d'une opération

---

[84] Il s'agit d'un contrat dépôt-vente.

[85] Il y a le petit libraire de quartier, plus ou moins spécialisé, mais vous pouvez aussi vous adresser à un gros « généraliste » comme la Fnac, qui est habitué au dépôt-vente.

[86] http://ecrire-et-senrichir.com/vendre-livres-depot-vente

ponctuelle, pour vous faire connaître, pour vous faire plaisir, pour avoir des images, mais pas pour gagner directement de l'argent.

En fait, le modèle économique d'Amazon est bien plus tranquille : vous restez chez vous, vous relevez votre compteur de vente tous les soirs, vous avez votre virement tous les mois (si ventes il y a eu) et vous consacrez vos journées à écrire le livre suivant. Ce qui est bien le plus important.

Les réseaux sociaux

Les réseaux sociaux sont des incontournables de la modernité pour faire connaître et, peut-être, vendre son livre. De plus, pour un livre fabriqué et vendu en ligne, il est normal que le « en ligne » (sites web, réseaux sociaux) soit le vecteur légitime et naturel de vente de ce produit. Les réseaux sociaux sont nombreux et de portée très inégale, entre les mastodontes qui comptent des milliards d'utilisateurs et les rikiki, plus modestes, mais peut-être pas moins efficaces pour vendre. Tapez « réseaux sociaux top 10 » dans votre moteur de recherche préféré et vous aurez des listes de réseaux sociaux à découvrir et tester. Dans le cadre de ce livre, je me contenterai de donner quelques possibilités concernant des réseaux sociaux qui ont pignon sur rue : Facebook, Youtube/Google+ et Twitter.

Facebook

Pour celui qui approche Facebook[87] pour la première fois, ce réseau social peut paraître pour le moins… complexe ! En effet, on peut dire que c'est une véritable usine à gaz, la création d'un esprit assez « tordu »… L'interface est pour le moins nébuleuse, avec tout un tas de liens et de menus cachés. Il faut fureter son curseur de souris dans tous les coins et cliquer sur tout ce qui se présente pour arriver à quelque chose. Ceux qui ont la chance d'avoir deux écrans feront bien d'ouvrir une fenêtre du navigateur avec Facebook affiché sur l'un et une aide de Facebook sur l'autre. Utilisez aussi Google pour poser des questions explicites du style « Facebook comment faire ceci », « Facebook comment faire cela », car les questions que vous vous posez, vous n'êtes pas le seul à vous les être posées. Passé ce temps d'adaptation, les choses vont de mieux en mieux. Vous verrez…

---

[87] https://www.facebook.com

Cet ouvrage n'étant pas un cours sur les réseaux sociaux, je me bornerai à indiquer quelques grands principes. Facebook est composé de trois interfaces principales : le mur, le fil d'actualité (journal) et les pages.

Le mur : c'est la page qui s'ouvre en premier à partir de l'adresse internet (URL) Facebook liée à votre compte (par exemple : https://facebook.com/paul.dupont). Ce mur présente une image d'en-tête, votre photo de profil et diverses « boîtes » qui affichent vos amis, vos données de profil, vos images, etc. en fonction de ce que vous aurez paramétré. Sur ce mur vous pouvez écrire des messages (Statut), vos amis aussi (si vous avez paramétré le mur ainsi) et vos amis peuvent aussi répondre à vos messages, dire s'ils aiment, etc.

Le fil d'actualité (journal) : en cliquant sur le bouton [Accueil], vous arrivez sur le journal. C'est à partir d'ici et du menu sur la gauche que vous pouvez surveiller, suivre, paramétrer beaucoup de choses. Sur ce fil d'actualité s'affiche en permanence tout ce que vos amis publient. C'est comme si vous aviez tous les murs de tous vos amis mélangés les uns aux autres au fur et à mesure qu'ils publient des statuts/messages sur leur mur respectif.

Les pages : au pluriel, car vous pouvez créer autant de pages que vous le voulez. Regardez tout en bas du menu de gauche du fil d'actualité. Vous ne pouvez rater le lien [Créer une page].

En gros, voilà comment cela peut fonctionner pour vous. Vous créez un compte Facebook en tant qu'auteur. Sur le mur vous pouvez parler de vous en tant qu'auteur, échanger avec vos amis, parler de votre(vos) livre(s). Et, par ailleurs, vous pouvez créer une page consacrée à votre livre (ou une pour chacun de vos livres).

Lorsque vous avez cliqué sur [Créer une page], Facebook vous demande de sélectionner le type de page que vous souhaitez. Allez-y, cliquez et regardez ce qu'il se passe pour les six profils de page proposés. Vous finirez par trouver la bonne formule... Alors ? Trouvé ? Bravo ! Oui, il faut cliquer sur [Divertissement] pour parler d'un livre. Ensuite, dans la liste des catégories vous sélectionnez [Livre]. Dans « Nom » vous entrez le titre du livre (par exemple : {Mon premier livre}) et, pour terminer, cliquez sur le bouton bleu [Démarrer].

Dans la page d'un livre, vous pouvez entrer tout un tas d'informations quant à ce livre. Des images de la couverture, bien sûr, la table des matières, des avis, des critiques, des notes de lecture, des extraits, des vidéos… Seule votre imagination vous limitera. Alors, si elle est sans limites ! Ça va donner !

Cependant, créer tout cela sur Facebook n'est rien… si vous n'avez pas « d'amis », des gens qui regardent vos pages, vos messages, vos images, vos vidéos. Le but de la manœuvre est bel et bien publicitaire, le principe étant d'être vu par le plus grand nombre pour espérer quelques clics sur la page Amazon du livre et quelques achats.

Et puisque nous parlons de publicité, un des intérêts de Facebook est la possibilité de « promouvoir » ou « mettre en avant » un statut, une image, une vidéo, une page, voire un site internet personnel. Bien entendu, cette promotion est payante. Cependant, pour quelques dizaines d'euros on peut facilement se payer quelques milliers de clics. Un exemple : lorsque vous affichez une page (consacrée à votre premier livre), sur la gauche vous pouvez voir une indication de Facebook « Atteignez les personnes qui aimeront votre Page. » et, au-dessous, un bouton [Promouvoir la Page]. Ou bien encore, si vous avez posté une vidéo, une image, vous pouvez voir au-dessous un autre bouton intitulé [Mettre en avant]. Ou encore, tout en haut de la page, dans la barre de menu du haut, complètement à droite, la petite flèche vers le bas, si vous la cliquez, un menu déroulant apparaît. Dans ce menu vous verrez une option [Créer des publicités]. Vous voyez donc qu'il y a plusieurs points d'entrée pour faire de la pub de son contenu sur Facebook.

Prenons le cas de figure de la publicité (« mise en avant ») d'une vidéo qui parle de votre livre et qui incite à cliquer sur le lien vers la page Amazon du livre en fin de visualisation. Après avoir téléchargé la vidéo sur Facebook, cliquez sur le bouton [Mettre en avant] et une fenêtre s'ouvre. Tout d'abord, si vous êtes un adepte du bloqueur de pub dans votre navigateur, Facebook l'aura détecté et vous demandera de **le désactiver pour pouvoir créer une publicité**. Cela est une ruse ! Il n'y a aucun rapport entre créer une pub sur Facebook et bloquer les pubs de Facebook sur son navigateur, chez soi. Non, mais vous imaginez que Facebook va renoncer à votre argent simplement parce que vous bloquez ses pubs ! Donc message à ignorer.

Sur la droite, dans le cadre « Audience », vous avez trois options : les « Personnes qui aiment votre Page » ; les « Personnes qui aiment votre Page et leurs amis » ; les « Personnes choisies par l'intermédiaire du ciblage ». À moins que vous n'ayez cinq mille amis, choisissez la dernière option, celle des personnes choisies par ciblage.

Le « ciblage » commence tout de suite au-dessous, par la sélection des pays cibles. Même si votre livre est écrit en français, vous pouvez laisser les États-Unis mis par défaut (les Américains nous aiment bien au plan culturel) et ajoutez France, Belgique, Suisse, Luxembourg, Canada, Algérie, Maroc, Tunisie, Espagne, Allemagne, Royaume-Uni et même la Roumanie ! En fait, vous ajoutez ce que vous voulez. L'essentiel est de donner un nom à cette liste et de l'enregistrer avec le bouton approprié de façon à ne pas avoir à recommencer la prochaine fois. Pour les âges « 18-65+ » est à garder, sauf raison contraire. Éventuellement, ajoutez des « centres d'intérêt » des personnes que vous voulez cibler (vous avez écrit un livre sur le sport, vous mettez « sport »). Mais je vous le déconseille, car vous pourriez manquer tous ceux qui ne s'intéressent pas **encore** au sport, mais qui pourraient le faire… grâce à votre ouvrage.

Dans le cadre suivant « Budget et durée », vous allez choisir « votre propre budget », comme le dit bien Facebook, lorsque vous cliquez sur la petite flèche vers le bas à droite du montant de départ. Cela peut être « 18,00 € » et vous voyez que cela peut aller jusqu'à 910 euros pour toucher plus d'un million de personnes. C'est vous qui voyez, car c'est votre budget. Vous ne devez pas oublier que nous sommes sur le terrain de la « pub », qui est un terrain statistique des grands nombres et des probabilités : sur dix mille personnes qui verront votre vidéo, quinze cliqueront sur le lien vers la page de vente Amazon. Et sur ses quinze obstinés, peut-être zéro ou un seul fera un achat. La pub est un phénomène de captation de l'attention, de motivation à l'action et notamment à l'achat, qui présente énormément de déperditions. Alors, ne rêvez pas trop et soyez raisonnable. À 2,50 euros de royalties par livre, pour rentrer dans vos frais et commencer à faire du bénéfice avec un budget pub de 910 euros il vous faut vendre… plus de 364 livres. Tout va dépendre de ce que vous estimez être la valeur attractive de votre produit livre…

En fonction du budget sélectionné, Facebook vous indique une fourchette assez large des personnes atteintes estimées. Ensuite vient le multiplicateur : le nombre de jours. Car ce budget, c'est pour un jour ! Vous pouvez aller jusqu'à 7 jours. Enfin vient la douloureuse : le paiement. Si c'est votre première fois, il vous faudra entrer les identifiants de votre carte bancaire. Sinon, Facebook affiche le type et les 4 derniers chiffres du numéro de la carte que vous avez auparavant enregistrée chez lui. Il ne vous reste plus qu'à confirmer tout cela en cliquant sur le bouton [Mettre en avant].

Facebook examine votre demande (cela ne prend que quelques minutes) et vous confirmera par e-mail et notification sur le site si c'est OK ou pas (en fait, il s'agit de voir si le contenu n'est pas offensant et qu'il satisfait les « Conditions générales »). Voilà, c'est fait ! Note importante : Facebook respectera strictement votre contrat, soit le montant par jour, sans dépassement et le nombre de jours, sans dépassement et la pub s'arrêtera dès que le seuil que vous avez fixé est atteint. Donc aucun souci à vous faire, si vous avez sélectionné 18,00 € pour un jour, ce sera cela et rien de plus.

Que faire d'autre sur Facebook ? Car la pub n'est pas tout, vous l'aurez compris. C'est un outil qui peut s'avérer totalement inefficace au début. L'essentiel (et c'est la vocation même de Facebook) c'est de vous faire des « amis » et d'entretenir des « relations ». Des guillemets qui s'imposent, car ce ne sont là ni les amis ni les relations, dont on parle dans la vie réelle (bien que cela puisse parfois y contribuer ou que l'on puisse retrouver des amis réels sur internet).

Se créer des amis ? Pour cela, dès le départ, n'attendez pas qu'ils tombent du ciel, mais cliquez sur le bouton juste à droite de « Accueil » dans la barre de menu du haut (deux personnes en buste). Dans la liste qui se déroule, Facebook vous suggère des amis à [Ajouter], en fonction de ce qu'il connaît de vous. Peut-être au début, pas grand-chose, mais au fur et à mesure que vous mettrez du contenu, ses suggestions seront de plus en plus pertinentes. Donc « ajoutez » un peu au hasard, au départ. Cliquez sans vergogne, d'abord une cinquantaine d'amis potentiels et n'ayez pas scrupule à cliquer ainsi. Ayez en tête que vous n'allez déranger personne. Les personnes auxquelles vous envoyez ainsi une « invitation » à devenir ami, peuvent accepter ou décliner d'un seul clic de souris. Ensuite, dites-vous aussi que, même si vous envoyez des centaines d'invitations, pour chaque personne ainsi sollicitée, ce sera un seul tout petit événement Facebook, peu dérangeant et, qu'au contraire, il y a de fortes chances que chacune de ses personnes se sente flattée que vous les invitiez à devenir « amis Facebook » et acceptent. Ça ne coûte rien d'essayer !

Facebook peut encore vous afficher en haut de page un cadre intitulé « Autres personnes que vous pourriez connaître ». Si, avec cette personne, vous avez des « amis en commun », Facebook vous l'indique. Dans ce cas, ajoutez la personne sans aucune retenue : un ami d'amis sera facilement accepté.

Lorsque vous avez quelques dizaines ou centaines d'amis, des demandes de devenir ami pourront apparaître. Bien entendu, faites à autrui ce que vous avez aimé qu'on vous fasse et acceptez sans hésiter toutes ces demandes (il sera toujours temps de supprimer un ami, si cela ne vous convient plus).

À présent, comment entretenir la conversation ? Les « relations » ? Pour cela, il vous faut poster des messages, des images, des vidéos. Les messages peuvent contenir des annonces concernant votre livre. Les images peuvent concerner la couverture du livre. Les vidéos peuvent être des vidéos qui parlent de votre livre. Mais ce n'est pas tout. Car vous allez vite être à court. Comment maintenir la machine promotionnelle en route ? Vous pourriez, par exemple, surfer sur l'actualité, en fonction du thème de votre livre. Supposons que vous avez écrit un livre qui parle des femmes, avec un côté un peu féministe, défendre la cause des femmes, une héroïne femme. Dès que vous voyez une actualité (sur Google Actualités, par exemple, ou à la télévision), qui concerne plus ou moins la condition féminine, donnez votre avis, indiquez le lien vers la page qui en parle et ajoutez tout à la fin, un lien vers la page Amazon de votre livre.

Comment multiplier les images de votre livre ? Pour cela pratiquez le **« book-selfie »**, le selfie de livre. Il en existe de deux sortes : 1) c'est le selfie classique, dans lequel vous tenez le smartphone à bout de bras, pour vous prendre le portrait, avec en plus votre livre placé près de vous (devant, sur le côté au-dessus…) ; 2) c'est le pur book-selfie, dans lequel on ne voit que votre livre (bien qu'une partie de votre corps puisse paraître, comme vos jambes ou votre bras et main qui tiennent le livre, mais le livre peut être posé quelque part sans qu'on ne voie rien de vous).

Le book-selfie implique que vous trimbaliez un exemplaire de votre livre partout où vous allez. L'utilité de fond d'un book-selfie n'est pas plus évidente que celle d'un selfie humain. En gros, ce sont juste des occasions de créer des images avec votre livre, sur un fond plus ou moins intéressant. C'est : « mon livre à la plage », « mon livre à la montagne », « mon livre à la Tour Eiffel », « mon livre prend l'avion », etc. Juste une façon originale et légèrement plaisante de faire exister votre livre. Faites-lui faire le tour du monde, vous aurez du succès et lui aussi ![88]

Faites aussi l'effort d'avoir une présence sur Facebook. Pour cela, n'hésitez pas à répondre aux messages, à entrer, d'une façon mesurée, dans quelques petits échanges. Cliquez sans vergogne sur les liens [J'aime] (« like ») et faites aussi des « partages ». Qu'est-ce que cela signifie ? Rendez-vous sur votre journal et regardez un peu ce à quoi vos « amis » s'intéresse et si cela a un quelconque rapport avec le thème de votre livre, cliquez sur les liens [J'aime], [Commenter] (laissez un petit commentaire) et [Partager]. Cette dernière action fera que ce post d'un ami s'affichera sur votre mur (ce que cet ami appréciera beaucoup). Faites plaisir, cela vous sera rendu.

Conseils en communications : respectez la nétiquette. Soyez polis, courtois, chaleureux, ouverts, humains, respectueux de la différence. Écrivez des messages léchés : phrases bien construites, sans fautes d'orthographe, sans coquilles. Vous êtes un auteur, votre réputation en dépend. N'oubliez pas un peu d'humour de temps à autre. N'écrivez, ne publiez pas trop, vous allez lasser. Juste un statut par jour, c'est suffisant. Consacrez le reste de votre « temps Facebook » à cliquer des « J'aime », à partager, à donner votre avis ici ou là, répondre aux questions, glisser quelques pointes d'humour.

Participez à des groupes à thème. Allez sur la page d'accueil de votre Facebook. Dans le menu de gauche cliquez sur [GROUPES]. Facebook vous présente alors quatre listes de groupes : « Groupes suggérés » (en fonction du contenu de votre journal, de vos pages) ; « Groupes de mes amis » (selon vos amis) ; Groupes locaux (selon votre situation géographique) ; « Vos groupes » (ceux que vous avez rejoints).

Que sont les groupes ? Il s'agit d'espaces privés ou publics, dans lesquels vous pouvez publier de la même façon que dans votre journal ou une page (textes, documents téléchargés, images, vidéos). Tous les membres du groupe recevront une notification chaque fois que vous publierez quelque chose. À la différence du journal ou des pages, les groupes présentent des possibilités de restreindre aux membres du groupe l'accès aux informations publiées. Donc, le seul

---

[88] Je sens déjà que des petits malins vont se précipiter sur leur Gimp, ou mieux, Photoshop, pour copier-coller l'image de leur livre sur des paysages à moindres frais. C'est honteux !=)

avantage (si cela en est un) d'un groupe est de cibler une population limitée, mais intéressée par un thème donné.

Vous pourriez très bien créer un groupe vous-même, si votre livre est rattaché à une problématique, un enjeu, un événement, une personnalité, susceptible d'intéresser d'autres personnes qui se joindront à votre groupe. Vous pouvez proposer à certains de vos amis de rejoindre ce groupe.

Youtube/Google+

Créer une chaîne Youtube[89] d'auteur et y diffuser des vidéos qui parlent de votre livre ou de thèmes connexes est aussi une bonne idée de promotion. Ouvrir une chaîne Youtube est assez simple. À retenir : Youtube c'est Google, Google c'est Youtube. Donc, si vous créez un compte Youtube, vous créez un compte Google et vice versa. Pour Google+, qui est le « Facebook » de Google (trop tard !), c'est pareil : tout est du Google.

Ouvrez le site de Youtube et cliquez sur le bouton [Connexion] en haut à droite. Dans la page qui s'ouvre, sous le formulaire de connexion, cliquez sur le lien [Créer un compte]. Remplissez le formulaire qui suit pour « créer votre compte Google » (qu'est-ce que je vous disais !). Après la création de votre compte Google, vous pourrez créer une chaîne Youtube (qui y sera rattachée). Donnez à cette chaîne le nom que vous voulez. En tant qu'auteur vous pourriez lui donner vos prénoms et noms. Ou bien vous vous présentez sous l'apparence d'un éditeur et vous donnez l'intitulé de votre « maison d'édition » semi-fictive.

À partir de là, il va falloir créer et mettre en ligne des vidéos. Comme ce modeste livre n'a pas vocation à vous transformer en cinéaste, il va vous falloir, de votre côté, apprendre et développer des compétences de vidéaste. Je me bornerai donc à vous suggérer quelques idées de promotion de votre livre.

- **Un film publicitaire :** il s'agit d'un film court (maximum une minute, voir plus haut la section concernant la réalisation d'une vidéo de promotion d'un livre). Vous pouvez faire plusieurs films publicitaires.

---

[89] https://www.youtube.com

- **Une interview de l'auteur :** mettez à contribution un(e) ami(e) pour vous poser des questions à propos de votre livre et de son écriture. Bien sûr, vous allez préparer les questions, réfléchir aux réponses, mais pas trop, soyez spontané à l'écran, quitte à filmer plusieurs fois la même réponse et choisir la meilleure version au montage. Plusieurs interviews sont envisageables.

- **Des extraits lus :** en plan rapproché, on vous voit (ou on voit une autre personne photogénique), en train de lire à haute voix un extrait particulièrement sensationnel de votre livre. Vous pouvez aussi filmer en gros plan la page en train d'être lue (mais avec une bonne netteté de façon à ce qu'on puisse lire à l'écran). Vous pourriez alterner des plans lecteur/page dans la même vidéo, pour varier et ne pas lasser. Voir intercaler des éléments illustratifs qui accompagnent la lecture (de petits bouts de films, des images fixes), un peu comme dans un reportage (pensez au droit à l'image !). Plusieurs extraits peuvent être régulièrement mis en ligne.

- **Un reportage :** avec l'accord du libraire chez lequel vous avez fait un dépôt-vente, faites un petit reportage dans le rayon où se situe votre livre ou faites-vous filmer, par un ami, en train de faire une séance de dédicace (vos impressions en attendant le client et les moments magiques de la dédicace – pensez à demander au client son accord pour paraître sur votre chaîne Youtube). Plusieurs reportages, sur des événements autour de votre livre, pourraient être mis en ligne sur Youtube.

- **Un book (vidéo) selfie :** même principe que le book selfie (voir plus haut), mais cette fois ce n'est plus qu'une simple image, mais une vidéo avec, au premier plan votre livre et, en arrière-plan un paysage qui défile, une scène qui s'anime. Mais soyez prudent ! Tenir votre livre à bout de bras d'une main et votre caméra de l'autre main et surveiller l'écran de contrôle et marcher ou faire du vélo, voilà une activité à haut risque ! Achetez plutôt une caméra sportive grand-angle (genre Gopro®) que vous fixerez sur votre poitrine ou votre front. Fixez le livre au bout d'une courte perche (ah, ce n'est pas facile, faut avoir des idées…) et en avant ! Vous pouvez faire autant de book-selfies en vidéo que souhaités.

- **Un débat filmé :** si votre livre s'y prête, de par sa thématique, filmez un débat, une discussion entre amis ou témoins, autour du livre et du thème dont il traite. Mais assurez-vous que tout le monde est d'accord pour la mise en ligne sur Youtube.

Bien entendu, dans le descriptif de chaque vidéo vous penserez à insérer le lien vers la page de vente Amazon de votre livre. Autrement, comme dans tout réseau social, entretenez un minimum de liens sociaux dans Youtube : abonnez-vous à des chaînes, répondez aux commentaires et questions des internautes et utilisez Google+ de la même façon que Facebook. Acceptez toutes demandes d'abonnement à votre chaîne, bien évidemment. Faites vivre votre chaîne !

Si vous commencez à avoir beaucoup de vidéos, organisez votre chaîne en les regroupant dans des playlists (exemples : Extraits, Reportages, Book-Selfies ; Interviews, etc.). Ensuite, dans la page d'accueil de votre chaîne, outre les dernières vidéos diffusées, placez les différentes playlists pour un accès facile et rapide. Pour la vidéo de la bande-annonce de votre chaîne, vous avez le choix entre la dernière vidéo mise en ligne ou une autre vidéo plus stratégique. Ce peut être un film de promotion, la dernière interview, le dernier reportage, à vous de voir !

Vous pourriez aussi faire appel aux autres : les **« booktubers »** ! Il s'agit de passionnés de livres qui en font la promotion gratuitement sur Youtube. Explorez les différentes chaînes de booktubers (pour en trouver, tapez « booktuber français » dans le champ de recherche de Youtube). Regardez leurs vidéos, éventuellement faites quelques commentaires et si vous appréciez le boulot, abonnez-vous à la chaîne de ce booktuber et entrez en contact pour proposer votre livre. Comment faire à partir de Youtube ? Très simple : cliquez sur le nom de la chaîne et, sur la page d'accueil de cette chaîne, cliquez sur le dernier lien à droite du menu du haut [À propos]. Là vous pourrez trouver possiblement l'adresse e-mail du booktuber ou des liens vers d'autres réseaux sociaux (comme Facebook, Google+…), par le moyen desquels vous pouvez aussi entrer en contact d'une façon privée. Dans votre message personnel, présentez-vous brièvement en tant qu'auteur, décrivez tout aussi brièvement votre livre, donnez l'adresse de la page de vente Amazon et proposez un envoi gratuit si cela intéresse la personne. Ce n'est pas plus compliqué !

Twitter

Promouvoir son livre en 140 signes, voilà le défi de Twitter.[90] Pour cela vous allez devoir vous exercer à poster de tels mini messages (des tweets) de 140 signes, pas un de plus. De plus, dans ces messages vous devrez glisser une adresse internet, celle de la page de vente de votre livre sur Amazon. Nous avons vu les liens courts de fabrication Google en « goo.gl ». Hé bien, ne pourrait-on pas plus court ? Avec « lc.cx » par exemple. L'adresse de « Childbot mon amour » donne alors ceci : « lc.cx/ZfJz », comparé au « goo.gl/ZTpviX », c'est trois caractères en moins (notez que dans Twitter – ou ailleurs – il n'est pas utile de faire un lien avec l'en-tête « http:// », tous les navigateurs internet comprennent que « lc.cx/ZfJz » c'est « http://lc.cx/ZfJz » et encore sept caractères de gagnés !).

Dans vos tweets vous devrez aussi utiliser des « hashtags ». Le hashtag est tout simplement un mot clé, en rapport avec un thème d'information. Pour que ce mot clé soit reconnu comme tel par Twitter (récemment aussi par d'autres réseaux sociaux comme Facebook, Google+, Instagram…), il doit être précédé du signe « # » (ce signe se fait simplement en gardant enfoncée la touche « Alt gr » de votre clavier tout en tapant la touche « 3 » (pas celle du clavier numérique, mais celle au-dessus de lettres du clavier, la touche « 3"# »). De plus, un hashtag répond d'une syntaxe précise : pas d'espaces, de signes de ponctuation et la possibilité recommandée d'utiliser un « camel word » ou « mot chameau ». Un *camel word* est un mot composé de plusieurs mots (2-3 pas plus en général), sans espace, mais avec une majuscule pour chaque mot (d'où l'image du chameau à deux bosses).

Le hashtag sert à référencer votre message dans la catégorie des tweets en rapport avec ce mot clé. Par exemple, dans le cadre de notre livre « Childbot mon amour », l'auteur peut vouloir utiliser les mots clés « enfant » et « robot », ce qui donnera le hashtag « #EnfantRobot » (ou encore en anglais « #ChildBot »).

Vous pouvez librement créer des hashtags ou glisser dans votre tweet un hashtag populaire (en rapport avec votre message, sinon c'est du spam !). Car tout le problème de Twitter est la visibilité. OK, vous tweetez, mais votre tweet est juste une goutte d'eau dans un océan de millions tweets. Comment lui donner une certaine visibilité

---

[90] https://twitter.com

au sein de toute cette multitude ? Le hashtag sert à cela. L'autre source de visibilité ce sont les « followers » (les « suiveurs »).

Les « followers » ce sont, en quelque sorte, les « amis » de Facebook. Ce sont des gens qui suivent vos tweets (en fait, vos tweets s'affichent sur leur page de tweets dans leur compte Twitter). Et, à l'inverse, si vous suivez quelqu'un, vous verrez ses tweets s'afficher sur la page de votre compte Twitter. Compris ?[91] Pour avoir des followers, commencez par être follower vous-même. Twitter (tout comme Facebook vous propose des « amis ») vous propose des gens intéressants à suivre. Cliquez sur un hashtag dans la liste à gauche. Vous verrez des tweets en rapport avec ces mots clés et les noms de leurs auteurs. Cliquez, suivez, qui vous voulez. Comme l'usage veut que l'on suive le suiveur, parmi tous les utilisateurs que vous allez suivre, bon nombre se mettront à vous suivre. Vous aurez vos premiers followers. Elle n'est pas belle la vie ?!

Concrètement, à partir de ce que je viens de vous expliquer, comment se présente un tweet ? Imaginons qu'Anna Coreisan annonce la parution de son livre, ce qui pourrait donner :

Parution du premier livre de #Nouvelles par #AnnaCoreisan " #ChildBot mon amour " en vente sur #Amazon lc.cx/ZfJz

Soit 113 caractères, espaces compris (on est dans les clous, bravo Anna !). Changez ce qui doit être changé et vous pourriez très bien composer votre premier tweet de la même façon.

Sortie de mon tout premier livre par moi-même #PaulDupont, "Mon premier livre", en vente sur #Amazon lc.cx/xxxx

Soit 111 caractères. Vous voyez que ce n'est pas bien compliqué. Mais, que faire de plus ? Tout d'abord, vous devez savoir que Twitter attire les jeunes (moins de 35 ans) et les professionnels. Vous voyez déjà le profil auquel vous adapter. Jeune et dynamique ! De plus, en 140 caractères, vous pourriez tweeter quelques personnes célèbres…

Donc, j'en reviens à ma question : que tweeter vers ses followers ?

L'actualité de votre livre, par exemple. Un journal local parle de votre livre ? Tweetez !

---

[91] En fait « Twitter », le nom, a été créé en pensant aux touit-touit-touit (en anglais tweet-tweet-tweet), de petits oiseaux qui pépient dans un arbre.

On en parle dans #LePetitLibéré critique élogieuse gros mollets pour l'auteur "Mon premier livre", en vente sur #Amazon lc.cx/xxxx (130 caractères)

Vous avez déposé des livres à la Fnac ? Tweetez !

Désormais en vente à la #Fnac Saint-Malo, bientôt une séance dédicace signé #PaulDupont "Mon premier livre", en vente sur #Amazon lc.cx/xxxx (140 caractères, ouf !)

Vous avez annoncé une séance de dédicace ? Tweetez !

Dédicace #Fnac Saint-Malo le 15/05/2015 9h00-18h00 #PaulDupont "Mon premier livre", en vente sur #Amazon lc.cx/xxxx (115 caractères)

Vous pouvez même tweeter durant la séance de dédicace ! Vous pouvez encore tweeter les images de la couverture, une vidéo, un book-selfie vidéo ou photo, des extraits du livre. Des « extraits du livre » ? En 140 caractères ?! Mais non ! Avec un lien, évidemment. Utilisez Dropbox[92] pour y mettre des extraits de quelques pages en PDF de votre livre, transformez le lien Dropbox en lien court et tweetez comme ceci :

Un petit extrait du chapitre 1 pour vous mettre en bouche lc.cx/xxxx #PaulDupont "Mon premier livre", en vente sur #Amazon lc.cx/xxxx (133 caractères)

Vous êtes auteur, mais sans doute aussi lecteur. Vous pouvez donc encore vous improviser « booktweeter » et commenter certaines de vos lectures, par exemple :

J'ai adoré, un livre qui décoiffe, par moment, de #AnnaCoreisan " #ChildBot mon amour ", en vente sur #Amazon lc.cx/ZfJz (120 caractères)

Soyez modeste, il n'y a pas que vous sur Terre. Parlez de vos livres, auteurs coup de cœur, donnez des avis, des conseils, pour lire, mais aussi pour écrire, pourquoi pas ! Vous avez bien écrit un bouquin, vous ! Là, pour le coup… soyez sûr de vous !

---

[92] https://www.dropbox.com/fr

Le blog personnel

Sur internet, le site web personnel, le blog, est encore un moyen de promotion d'un livre. Le site web demande quelques compétences techniques, mais qui n'ont rien d'insurmontable à acquérir pour celui qui est motivé. Vous devez commencer par obtenir un compte serveur et une adresse internet (un nom de domaine, une URL, quoi). Allez chez OVH,[93] un « provider » ou fournisseur de service et, pour une trentaine d'euros par an, vous pourrez obtenir l'un et l'autre.

Sur la page d'accueil d'OVH, descendez vers les offres et cliquez sur la première : « Hébergement Web », à 1,99 € par mois hors taxe. Sur la page suivante, première colonne à gauche, cette offre basique est décrite plus en détail. Les taxes comprises, on passe à 2,39 € par mois, soit 28,68 euros par an (en 2015). Pour cela, vous avez 100 Go d'espace disque, bien suffisant pour installer un blog, ou un petit site marchand. Le trafic (les octets qui montent – les clics des visiteurs – et ceux qui descendent – les informations transmises sur l'ordinateur du visiteur) est illimité. Le nom de domaine (l'adresse internet) est gratuit la première année (le prix annuel est dérisoire les années suivantes). Vous pouvez installer jusqu'à cinq sites web, mais un seul suffira, n'est-ce pas ?! Vous pourrez accéder à des modules CMS (*Content Management System*, système de gestion de contenu, voir plus loin) et avoir jusqu'à dix comptes e-mail de 5 Go chacun.

En bas de page, vous pouvez cliquer sur le lien [En savoir plus], ce qui ouvre sur une page encore plus détaillée, mais peu utile pour le néophyte. Par contre, cliquez sur le lien à droite [gamme de modules disponibles]. Vous pourrez créer votre site web avec **Wordpress** (à la base c'est un blog – un journal personnel en ligne –, mais il est possible de l'utiliser comme CMS) ; avec **Joomla** (un vrai CMS) ; ou encore **Prestashop** (c'est pour ceux qui veulent vendre en ligne, ce qui n'est pas votre cas, puisque votre e-commerce, pour votre livre, c'est Amazon).

Ensuite, que vous ayez choisi Wordpress ou Joomla, il vous faudra vous familiariser avec le tableau de bord de l'un ou l'autre de ces systèmes de gestion de contenu en ligne. Il n'y a rien à coder, a priori, et tout se fait visuellement, à coups de clics de souris, pour choisir des options et créer du contenu, avec du texte, des images, voire des

---

[93] http://www.ovh.com/fr

vidéos. Voici un exemple avec notre site web des Éditions Nègrefont, réalisé avec Wordpress.[94]

Mais il y a plus simple encore… et gratuit ! **Blogspot** de chez **Blogger** de chez **Google**.[95] Rassurez-vous, ce n'est qu'un seul et même système de blog (racheté par la société Google), qui s'appelle Blogger et dont les adresses en ligne sont sous le format : « monblog.blogspot.fr ».

En France, un autre système de blogs marche bien : **OverBlog**.[96] Si vous visez un public jeune, très jeune, les ados, **SkyBlog**[97] sera parfait. Ou encore **CanalBlog**,[98] **CenterBlog**, **UnBlog**,[99] vous n'avez que l'embarras du choix ! À chaque fois, l'opération est très simple : cherchez le bouton d'inscription (pour Blogspot/Blogger il vous faut un compte Google) ou bien encore, on vous propose de créer l'adresse internet de votre blog directement, votre blog étant créé dans la foulée. Ensuite, laissez-vous guider par les explications en ligne qui vous apprennent à créer des messages, insérer des images, des vidéos, du texte, à arranger, personnaliser votre blog à votre goût et selon les visées commerciales que vous poursuivez, concernant votre livre.

Important ! « Tout relier », telle doit être votre devise. Supposons que vous ayez un site web personnel, une page Facebook, un compte Twitter, un blog… Efforcez-vous de relier ces supports de diffusion en ligne les uns aux autres par des liens. Tissez ainsi une toile d'araignée de liens qui permettra aux moteurs de recherche de vous référencer plus efficacement et qui multipliera les points d'entrée vers le contenu de présentation de votre livre et sa page de vente Amazon.

Cet ouvrage touche à sa fin. Il existe quelques autres ressources pour vendre son livre, mais plutôt que m'étaler ici, je pense préférable de vous renvoyer vers quelques fiches-conseil et autres bonnes pages d'astuces pour vendre son livre. Les voici (sans aucune exhaustivité) :

---

[94] http://www.editionsnegrefont.fr

[95] https://www.blogger.com

[96] https://www.over-blog.com

[97] http://www.skyrock.com/blog

[98] http://www.canalblog.com

[99] http://unblog.fr

- Chez bookelis.com : http://goo.gl/hSMbHd
- Chez comment-publier.com : http://goo.gl/29gi4D
- Chez huffingtonpost.fr : http://goo.gl/2Q10m6
- Chez enviedecrire.com : http://goo.gl/mQ877t
- Chez edilivre.com : http://goo.gl/j4IcDk
- …

Et puis, demandez à Google ou un autre de vos moteurs de recherche préférés. Vous ne manquerez pas de ressources, d'idées, d'informations, de conseils… Ensuite, ce sera à vous d'agir, de vous remuer un peu, beaucoup, passionnément, mais pas à la folie ! Sachez garder la mesure, entre l'effort, le temps, l'argent, investis dans la promotion de votre livre et les ventes qui s'en suivent. Ne cherchez pas à forcer le destin. Si votre « premier livre » ne marche pas trop, attaquez le second. Parfois, c'est le second, qui aura plus de succès, qui va entraîner le premier par effet de notoriété de l'auteur.

Il me reste donc à vous souhaiter bon courage dans votre travail de réalisation d'un livre et bonne chance pour les ventes. En espérant avoir fait œuvre utile pour vous aider et avoir été assez clair dans mes explications. Finir en citations, c'est comme finir en beauté (ça c'est de moi) :

Confronté à la roche, le ruisseau l'emporte toujours,
non par la force, mais par la persévérance.
Confucius

Le plus grand échec est de ne pas avoir le courage d'oser.
L'Abbé Pierre

Qu'est-ce qui conditionne la réussite ?
La capacité à soutenir un effort continu.
Henry Ford

À PROPOS DE L'AUTEUR

Pierre-Xavier Delasource, philosophe, est directeur et responsable d'édition aux Éditions Nègrefont depuis leur création en 2013. Avec plus d'une quinzaine d'ouvrages (en 2016) à son actif, il vous fait partager son expérience de la réalisation et de l'autoédition d'un livre au travers du système CreateSpace d'Amazon.

www.ingramcontent.com/pod-product-compliance
Lightning Source LLC
Chambersburg PA
CBHW072246310526
45795CB00011B/232